孩子爱顶嘴，妈妈怎么办

·亲亲宝贝·著·

江西人民出版社
Jiangxi People's Publishing House
全国百佳出版社

图书在版编目（CIP）数据

孩子爱顶嘴，妈妈怎么办 / 亲亲宝贝著 -- 南昌 :
江西人民出版社，2018.8
ISBN 978-7-210-10423-0

Ⅰ. ①孩… Ⅱ. ①亲… Ⅲ. ①学前儿童－家庭教育
Ⅳ. ①G781

中国版本图书馆CIP数据核字(2018)第104471号

孩子爱顶嘴，妈妈怎么办

亲亲宝贝 / 著

责任编辑 / 冯雪松

出版发行 / 江西人民出版社

印刷 / 大厂回族自治县彩虹印刷有限公司

版次 / 2018年8月第1版

2018年8月第1次印刷

880毫米×1230毫米　1/32　7印张

字数 / 121千字

ISBN 978-7-210-10423-0

定价 / 42.00元

赣版权登字-01-2018-384

如有质量问题，请寄回印厂调换。联系电话：0316-8863998

前言

每一个小生命的诞生，都是上天赐予妈妈的最珍贵的礼物，是妈妈生命的传承与延续，为妈妈带来了无尽的希望和美好的憧憬，也让妈妈无怨无悔地倾注自己所有的爱。然而，这些小天使，偶尔也会化身“小恶魔”，开始有了自己的小脾气，有了自己的小主意，喜欢和妈妈顶嘴，不再对妈妈的安排言听计从了……

伴随着孩子的成长，从简单快乐的笑声、愿望没有得到满足的哭声，再到拥有丰富的情感及独立思考的能力，与孩子的成长相伴而生的烦恼也就随之而来了！这些“小精灵”们经常将妈妈弄得控制不住情绪、无所适从、无可奈何……他们对这个神奇的世界有着强烈的探索欲望，为了“验证”心中稀奇古怪的想法，经常将家里搞得乌七八糟，让妈妈们时时刻刻体会着烦恼与快乐交织的滋味。

教育孩子是世界上最让妈妈头疼的事情，也从来没有捷径可走。养孩子不像养小动物那样简单，作为智慧生命，孩子在2岁左右就开始萌生自我意识，这种意识让孩子认识到自己是这个世界上独一无二的个体。自我意识诞生后，孩子就不再愿意按照妈妈的安排成长，想要拥有掌控自己的权利，于是他们通过各种各样的手段反抗妈妈的管束。这在妈妈眼中，无疑就是“对着干”。

一方面，妈妈希望自己的孩子安静、乖巧，顺从自己的意志，另一方面又希望自己的孩子活泼、有主见，做事专注。为了孩子，妈妈倾注了自己大量的心血，投入了大量的时间和精力。但是，妈妈们经常会发现，孩子们对自己的爱似乎并不买账，这让妈妈们感到委屈和失望。

本书致力于帮助妈妈们解决孩子成长过程中的顶嘴问题，为妈妈们解开孩子顶嘴背后的心理密码，并介绍了不同成长阶段孩子的心理发展特点。本书精选了生活中的实际案例与早教权威机构多年的研究成果，从孩子的心理和行为方式入手，为妈妈们解答孩子为什么喜欢和妈妈作对，并给出了相应的解决办法。

传统教育模式下的许多教育方法，已经跟不上时代的发展，也不再适合当前孩子成长与发育的特点。为此，本书结合传统教育与先进的教育理论，“取其精华，去其糟粕”，相互借鉴，从心理学角度为妈妈们指出了大量孩子教育中的误区和错误方法，希望能够借此帮助妈妈解决心中的困惑，制定出合理而有效的教育方法，让妈妈从劳累中解脱出来，培养出一个健康、快乐、自信的孩子。

我的地盘我做主——伴随一生的“猴王心理”

孩子顶嘴时，好妈妈只需蹲下身来倾听

高情商教育，好妈妈给孩子的情绪管理课

警惕自卑心，赏识是改变孩子叛逆的良方

第七章 孩子喜欢争辩，当心错误教育伤了孩子的自尊

第八章 与孩子共同成长，孩子是妈妈的一面镜子

附录

后记

第一章 我的地盘我做主——伴随一生的“猴王心理”

孩子在3岁阶段会经历稳定和不稳定两个螺旋上升期，这个阶段的孩子会经历快乐友善和叛逆期。妈妈对这个阶段的孩子的教育，对孩子的成长，尤其是孩子的个性成长与心理发育影响很大。因此，妈妈们不要被孩子顶嘴行为的表象所蒙蔽，只有静下心来真正地去了解孩子，才能帮助孩子塑造一个完美的性格。

猴王心理——人与生俱来的心理特性

每个人在任何年龄段，在心理层面上都渴求他人的认可，渴望自己是最重要的、最有能力的那个人，人的这种心理就是猴王心理。随着对世界的认知和知识的积累，猴王心理的外在表现形式就会隐藏起来，而在孩童时期，猴王心理的外在表现会非常明显，顶嘴就是其中之一。

有一个“猴王之争”的故事，形象生动地向我们诠释了什么是“猴王心理”。

一群由两百多只猴子组成的王国里，等级森严，权力最大的是大猴王，其次是二猴王和三猴王，接下来是其他猴子，地位最低的是几个已经退位的前猴王。大猴王不仅享有绝对的交配权，可以和任何一只母猴交配，其他猴子不得染指，而且还可以向群猴发布命令，享有吃由其他猴子弄来的任何食物的优先权。

现在这只大猴王比较暴戾，经常从众猴手中抢食物吃，甚至连二猴王和三猴王的食物都不放过。威风凛凛，不可一世。然而，好景不长，众猴中有一只年轻的公猴，长得比较剽悍，“猴缘”也很好，它终于受不了忍气吞声的生活，开始向大猴王挑衅。

刚开始时，它和大猴王争抢食物，后来干脆当着大猴王的面，享用了大猴王最喜欢的母猴，并翘着尾巴向大猴王示威。

战争终于爆发了，大猴王和公猴开始决斗，战斗场景非常激烈，从山上打到山下。刚开始时，双方还势均力敌，众猴也都静静地观望，后来，大猴王的体力渐渐不支，开始节节败退。这时，意想不到的事情发生了。二猴王和三猴王一声呼啸，群猴几乎全体出动，扑向大猴王，它们把大猴王逼到山中的一个湖里，四下围住。一旦大猴王企图在某处上岸，立即有猴上去打它，再把它推入水中。大猴王多次企图上岸，都被推回湖中，最后体力不支的大猴王沉入水底溺死了。

猴子尚且如此，人更是如此。在每个群体中的每一个人同样具有很强烈的猴王心理，每个人都会试图证明自己是最重要的、最强的那个人。没有人会愿意被别人看成是最不重要的、可以忽视的人，而当被别人看成是最重要的、最强的人时，感觉则是畅快、美好的。

猴王心理是与生俱来的，孩子渴望被重视、被尊重的感觉比成人更加强烈。然而在妈妈眼中，孩子无疑是弱势的，意见和想法自然是容易被忽略的，孩子通过顶嘴、哭闹、摔东西等行为引起妈妈的注意来获得存在感也就不足为奇了。

人都有猴王心理，并伴随一生

人都有猴王心理，而且人的猴王心理与人的情绪反应紧密相连。当一个人受到尊重、表扬、肯定、欢迎时，猴王心理得到满足，就会感觉到自己很重要，就会表现出兴奋、快乐、舒畅的情绪。

反之，当一个人得不到别人的尊重、肯定、认可时，尤其是被别人批评、排斥、拒绝、否定时，就会感觉到自己是不重要的，感觉自己比别人都差，这时就会表现出失落、不安等情绪。

在这个世界上，人除了生存之外，出现最多的问题就是尊严问题、面子问题、自卑心理问题、嫉妒心理问题、地位问题以及虚荣心等各种心理问题。而出现这些问题的根本原因就是猴王心理在作怪。

孩子的猴王心理

小孩子们都是精力旺盛的，都有着用不完的力气和精神。他们都很聪明，喜欢出风头，在游戏对抗中有很强的求胜欲望。这些都是孩子猴王心理的表现，他们喜欢寻找刺激挑战自己，可以说，越是具有挑战性的活动他们就越喜欢。而且对他们而言，在游戏中打败对手，能让他们感到非常快乐、满足，并且值得炫耀。

孩子的猴王心理表现为想要打败自己的对手，并没有其他意义，没有哪个孩子的猴王心理表现是想要争夺权利的，因此，孩子内心虽存在猴王心理，但是是纯净的，他们只是想要证明自己的存在。

每个孩子都有想成为英雄的欲望，大一点的孩子甚至会幻想自己征服世界，成为自己理想中的英雄。例如，有些男孩子会把自己想象成奥特曼，女孩子会把自己幻想成白雪公主，这些都是猴王心理作用的结果。

妈妈们面对孩子急于证明自己的幼稚行为，应该采用正向教育的方式积极引导孩子的行为向好的方面去发展，把猴王心理的正向能量激发出来，陪孩子度过叛逆期。

妈妈智慧贴

好妈妈要有健康的心理

妈妈的心理健康状况直接影响着对孩子的态度。如果妈妈面对孩子的坏情绪没有足够的耐心，看见孩子做错事就大发脾气，这对孩子的猴王心理将会产生负面影响，给孩子的童年留下阴影。

另外，还有一种情况较为常见，就是有些妈妈对待孩子的态度随自己情绪的变化而变化。自己心情好时，即使孩子做了错事，也一笑了之；情绪不好时，即使孩子做得很好，也会冲着孩子发脾气，让孩子摸不着头脑，看不清楚妈妈的态度，最后孩子会失去判断对错的能力，长大后也很难对某件事做出正确的决策。

妈妈的不良情绪及不健康的心理会转嫁给孩子，影响孩子心理的健康发展。因此，想要做个好妈妈，首先要学会控制自己的情绪。其次，自己要有大是大非观，有原则，有底线。最后，面对孩子因猴王心理而产生的叛逆行为，要有耐心地积极引导，只有这样，才能缔造孩子的完美性格。

温馨小提示

趋利避害的原则决定了人人都希望持续地满足自己的猴王心理需求，孩子尤其如此。在孩子的内心中，他们就是宇宙的中心，他们把自己看得很重要、很强、很尊贵，而这也是自尊心理的本质。妈妈要做的，就是在有原则的基础上，满足孩子的猴王心理。

独立意识形成，孩子也就逐渐学会了顶嘴

"顶嘴"从某种意义上来说，是孩子独立意识形成的标志。抓住孩子独立意识强烈的时机，培养孩子的独立意识，对孩子未来的成长至关重要。孩子只有具备了独立性，长大后才能很好地为自己的事情做决定，摆脱依赖心理，自信心更强，面对困难时才不会孤独无望。

2岁左右是孩子自我意识萌芽的迅猛时期，随着自我意识的增强，孩子迫切地希望引起别人的注意，独立意识也越来越强烈。任何事都有正反两面，妈妈与其抱怨孩子顶嘴、不听话，不如静下心来想一想，怎样利用孩子的逆反期，培养出孩子独立自主的性格。

孩子的冲动阶段

美国心理学家卢文格指出，孩子在自我发展过程中，会经历一个冲动阶段。而这个阶段有助于孩子证明他们独立的一面。孩子经常说

“不”“让我来做”等，正是其处于冲动阶段的表现。他们希望通过这种方式来强调自己的存在，赢得妈妈的尊重。

然而，对于孩子的这些举动，妈妈内心里是十分不屑的。妈妈认为，孩子太小，除了捣乱，真的做不了什么。可是孩子不这样认为，他觉得自己非常强壮，希望通过自己做某些事情来展示自己的能力。

这个阶段的孩子，所表现出的逆反行为各不相同。逆反心理越强的孩子，自主能力越强，越不容易被外界干扰，独立性越强。他们相信自己的能力，认为自己的观点是正确的，经常抱着怀疑的态度看别人，表现为什么事都和妈妈顶嘴，他们认准的事九头牛也拉不回来。

孩子想要独立

孩子为了保护逐渐形成的自我意识，“警戒”心理很强，抵触任何看似能够威胁到“自我”的外来力量，因此也会表现出一些无理取闹的行为。这是孩子想要摆脱依赖、想要独立的必然过程。“反抗”这种行为，也是孩子追求独立的一种表现。

3岁的轩轩在幼儿园中非常不合群，老师们也都说轩轩太叛逆。

轩轩总认为自己什么都知道，什么都行，谁的话都不愿意听。在家里也是这样，妈妈越是训斥，他就越对着干。

轩轩妈妈说：“有的时候他会认真听话，但那只是为了找到跟我对着干的办法！”

轩轩与小朋友们做游戏，经常玩“失踪”，有的时候，老师要花很长时间才能找到他，为此，老师的眼睛都不敢离开轩轩的身影。正因为这样，小朋友们的许多活动都进行得不是很开心，所以，大家都不喜欢和轩轩玩。

老师问轩轩：“你为什么总是跟大家玩‘失踪’游戏呢？”

轩轩说：“你们的游戏玩错了，就不应该这样玩！”

老师想了想，改变了游戏规则，但下次做游戏的时候，轩轩依然玩“失踪”。为此，老师与轩轩妈妈进行了一次长谈。

经过交流，老师找到了原因。原来轩轩妈妈对轩轩很严格，但妈妈平时上班比较忙，很少陪轩轩。本来很少的亲子时间，都用来限制轩轩不能这样，不能那样了。但是轩轩的内心非常想要独立，想要表达自己的想法。

老师根据这种情况，让轩轩当了游戏小队长，带领大家做游戏。小队长的权利就是，让大家按照自己的想法玩游戏。

一段时间过后，轩轩发现自己的游戏不太好玩，于是开始接受别人的意见，再然后学会了与小朋友合作，慢慢地，他真的成长为一名合格的游戏小队长，再也不被小朋友排斥了。

孩子想要独立，就拼命地摆脱束缚。孩子身上的束缚大多来自于妈妈，一个想独立，另一个要束缚，矛盾和冲突的产生也就是必然的事情了。孩子有这种表现，是其成长发育过程中必然要经历的。如果妈妈善于利用这个机会加以引导，则有利于培养孩子的自我意识、独立意识和自信心。

妈妈智慧贴

“顶嘴”让孩子明白权威不都是对的

并不是所有权威都是正确的，对于孩子来说，妈妈很难向他讲明白这个道理。孩子顶嘴的时候，恰恰是让孩子正确理解权威的好机会。

在孩子幼小的世界里，一开始妈妈就是权威，长大一些，老师是权威，等到成人以后，可能老板、领导是权威……

面对妈妈这个权威，顶嘴成为孩子挑战权威的开始。因此，妈妈们在面对敢于挑衅权威的小家伙时，是应该严厉打压，让他知道权威神圣不可侵犯，还是应该认真倾听他的想法，让他明白权威也并不是绝对正确的呢？聪明的妈妈一定知道怎样做更有利于孩子的发展。

其实，很多妈妈都心知肚明，孩子顶嘴时，即使喝止住孩子，孩子的心里也不会服气，谁也无法说服谁。既然如此，妈妈们不妨告诉自己：“哇，我的孩子会顶嘴了，这就是他认知能力、自我意识的展现，可以趁机锻炼孩子的很多能力！”

温馨小提示•

孩子不愿意听从妈妈的安排，喜欢和妈妈对着干，总是喜欢和妈妈顶嘴是其独立意识发展的结果。孩子想要摆脱对妈妈的依赖，主宰自己的生活。因此，孩子想做的事，只要是合情合理的，妈妈不妨放手让他去做。

走进孩子的内心世界，找出孩子顶嘴的根源

随着孩子语言能力的发育，他们逐渐学会用语言表达自己的想法，但顶嘴也随之而来，这让许多妈妈感到棘手。是顺从孩子的意愿，还是与孩子们针尖对麦芒，用“武力”制止呢？这就需要妈妈们走进孩子的内心世界，找出孩子顶嘴的根源所在。

妈妈们在孩子逐渐学会说话以后就会感到困惑，为什么听话乖巧的孩子突然变得喜欢顶嘴，越来越难管教了？专家指出，顶嘴意味着孩子心理的成长，他们开始逐渐明白自己喜欢什么，不喜欢什么，对妈妈而言，这是件令人欣慰的事情。

但妈妈也必须明白，孩子此时的自我意识是相当不完整的。他们不知道用何种方法来恰如其分地表达自己的想法，于是，顶嘴成为孩子常用的一种简单的表达方式。

听听孩子内心的声音

孩子顶嘴时，妈妈们除了烦恼，更应该静下心来认真听听孩子是如何看待自己顶嘴这件事的。

“我认为妈妈说我们顶嘴绝对不公平，顶嘴都是有原因的。有一次，妈妈答应我，作业做好了，就可以带我出去玩。等我做好了，她又改口说，最主要的还是要考试考好，考不好，就别想玩。这么点小事都言而无信，我很生气，当然要顶嘴了。”

“我顶嘴主要是因为学习上的事。比如妈妈老要我看书，我呢，又想玩一下，这个时候就最容易发生顶嘴的事了。”

“我顶嘴都是因为妈妈老让我觉得没面子。其实，有时候妈妈说得有理，可她总是用命令的语气，一副高高在上的样子，让人觉得十分没面子。有一次，我练琴时弹错了，妈妈就骂人，要求这要求那，我一赌气，就和妈妈顶嘴了。”

“只有在妈妈冤枉我时，我才会顶嘴。一次，我搞定所有作业后打开电视，妈妈突然发现电冰箱的门没有关紧，就怒气冲冲地说我：‘你看你，又忘记关紧冰箱门！’我随口回答了一声‘不是我’就接着看我的电视，妈妈看我还在看电视，更加生气：‘不是你，还有谁？谁整天忙着看电视，什么也不顾？’我觉得很委屈，便忍不住跟妈妈争吵起来：‘您凭什么说是我干的？您看到我没有关吗？今天我根本就没有开过冰箱！我看电视就是没有关冰箱门吗？再说，我写完了作业，看电视也没有影响谁，您冲我吼什么？’”

看完上述几点孩子顶嘴的原因，妈妈们是要反思一下自己，还是给自己找理由呢？孩子的世界一般比较纯洁，没有成人思想那么复杂，对的就是对的，错的就是错的，也没有成人丰富的找理由的经验，面对对错，孩子们不会去寻找证据证明自己的清白，他们的表达方式很直接，那就是顶嘴。

在什么情况下孩子会顶嘴

1. 诱发孩子顶嘴的几种情况

（1）妈妈没顾及孩子的感受。例如，孩子正玩在兴头上，妈妈却让他立即去睡觉。

（2）母子间缺乏交流。例如，孩子觉得妈妈在干涉自己，就会顶嘴发表自己的意见。

（3）妈妈过度溺爱。被溺爱的孩子对妈妈有恃无恐，语言上产生顶撞就不足为奇了。

（4）妈妈的反面榜样。例如，如果妈妈经常和家庭其他成员顶嘴，孩子就会潜移默化地模仿并加以运用。

2. 孩子顶嘴的主要原因

（1）无法充分表达自己的想法。孩子也有自己的想法和意见，1~3岁的孩子正处于学说话的阶段，语言能力不足，还不能清晰具体地表达自己的想法。一旦孩子与妈妈的意见不同时，就会产生顶嘴的状况。

（2）发现自我能力。1～3岁的孩子处于心智高速发育的时期，他们慢慢想要通过自己的能力去做一些事，不想要妈妈帮忙。例如孩子想自己决定要穿什么衣服、玩什么玩具、吃什么东西等。他们想自己去掌控，这种愿望特别强烈。在孩子大脑髓鞘化的过程中，独立是这个阶段发展的主要标志，他们喜欢自己掌控事物的感觉，因此，孩子听不进妈妈的话是正常的表现。

（3）不满妈妈的敷衍。许多妈妈会因为忙于身边的事情，常常敷衍孩子，例如“等一下哦，妈妈正在忙。你乖乖在旁边玩一会儿”，甚至是用“嗯嗯”的敷衍方式回应。孩子没有办法引起妈妈的注意，就会感到失落，尤其是在孩子不断经历敷衍之后，哭闹、顶嘴、摔东西等能引起妈妈注意的行为就出现了。

顶嘴不是解决问题的好方式，一旦习惯成自然，则不利于孩子的学习和成长，甚至会影响他长大成人后的人际关系的和睦。所以妈妈首先要遇事冷静，赏罚有度，无论孩子犯了多大的错，都不要急躁，先要问清事情的来龙去脉，再决定处理方法，不搞连带处罚，不翻旧账。

妈妈智慧贴

解决顶嘴的4大妙招

了解了孩子顶嘴的主要原因后，妈妈可以见招拆招，通过以下4种方式来改善孩子的顶嘴状况。

1. 稳定情绪，鼓励孩子涂鸦

涂鸦可以帮助孩子缓解情绪，促进亲子之间的感情，训练孩子的认知能力。妈妈在孩子涂鸦的过程中，问问孩子在画什么，画的人物是谁，在做什么事等，通过这样的互动帮助孩子及早熟悉更多的词汇和句子，增强语言表达能力。

2. 刺激思考，培养语言能力

孩子语言能力弱，反抗时间就会长，反抗强度就会大，甚至会出现肢体动作。因此妈妈在孩子逆反行为激烈时，不要只是单纯的责备或惩罚，应着手增强孩子的语言能力，引导孩子用语言表达自己的情绪、感觉和想法，这样在无形中也会刺激孩子的思考能力与语言表达能力的发展。

3. 尊重孩子，适度赋予权力

妈妈可以适度赋予孩子一些小小的权力，有些事情可以让他自己做决定，让孩子感受到被尊重的感觉。孩子在掌控事物的同时能得到安全感，有助于减轻孩子的抵触情绪。

4. 积极引导，化好奇为学习

妈妈应对方式不正确也是孩子反抗的一个重要原因。例如，许多危险的东西不能让孩子触碰，如摸电源插座、玩剪刀等。孩子的好奇心又很强，如果妈妈只会说“不行”“不可以”等一味强行制止的话语，就会造成孩子的顶嘴行为。妈妈为了孩子的安全，并没有错，但应对方法过于粗暴了。妈妈们可以趁此机会，培养孩子的认知能力，传授知识，让孩子知道为什么不能这样做，既能满足孩子的好奇心，又能减少孩子顶嘴情况的发生。

温馨小提示

生活中许多妈妈在无意中纵容了孩子的顶嘴，要么哄着，要么顺着，这是十分糟糕的。因为这等于告诉孩子，顶嘴是有效的心情表达方式。以后，孩子不仅会在家里频繁地使用这个“武器”，而且会把顶嘴发展到其他场合。

约纳森与《杜鹃圆舞曲》

有研究证明，妈妈经常陪孩子聆听悦耳动听的音乐，除了可以保持愉悦的心情外，还能增进母子情感交流，有利于孩子的身心发育。

妈妈可以让孩子听一些节奏柔和舒缓的轻音乐。节奏起伏较大的交响乐、摇滚乐、迪斯科舞曲等刺激性较强的音乐，都不适合缓解孩子的不良情绪。音乐选择要考虑在频率、节奏、力度、混响分贝范围等方面，符合孩子的生理发育特征。约纳森的《杜鹃圆舞曲》就是一首非常合适孩子听的世界名曲。

约纳森（1886年—1956年）是挪威作曲家，曾在德国学习音乐，《杜鹃圆舞曲》是约纳森的传世名作。

这首钢琴曲也经常以管弦乐或其他器乐形式演奏。据说在1918~1930年期间，约纳森曾在斯德哥尔摩金杜鹃电影院专为无声影片的放映作钢琴配音，本曲就是为当时的影片即兴配音而作。

乐曲采用3拍子圆舞曲体裁，C大调，中板。简短的引子后立即出现模仿杜鹃叫声的音调。婉转的鸟鸣与轻松的3拍子节奏形成了迷人的温和气氛。主题之后出现的第2个主题旋律连贯、流畅，具有明显的歌唱性，展示了一个欢乐的舞蹈场面，然后再现杜鹃主题，在愉快的氛围中结束全曲。

名曲赏析

第一段：以弱拍开始，节奏自由的简短4小节引子过后，出现模仿杜鹃鸣叫的音调，以杜鹃鸣叫的下行三度构成的动机为核心，运用重复、模进、变奏等手法，以轻快、活泼的节奏和清新、流畅的旋律，描绘了一幅生机盎然的景象。

第二段："la"的长颤音开始，主旋律应用了许多颤音，间杂着杜鹃的鸣叫声，好似杜鹃鸟灵活地在林中飞来飞去，一会儿在这个枝头跳跃，一会儿又在那个枝头高唱，杜鹃鸟的鸣叫声为林中增添了浓浓春意。

第三段：旋律流畅而连贯，极富歌唱性，曲中出现了一系列变化半音，使得旋律更加新颖。这段音乐与前两段轻快、活泼的旋律形成鲜明的对比，加上手风琴特有的音色，使得音乐有一种迷人的色彩。在竖笛模仿杜鹃鸟鸣叫后，第三段抒情的旋律又反复了一次，最后第一段音乐再现，并结束在杜鹃鸟的鸣叫声上，与乐曲的开始形成呼应。

第二章

孩子顶嘴时，好妈妈只需蹲下身来倾听

对于妈妈来说，教育孩子从来没有捷径可走。每个妈妈都需要付出足够的耐心、细心和爱心，同时还要掌握孩子的心理发展常识，学会与孩子和平相处。面对语言表达能力不是很强，又非常急于表达内心想法的孩子，妈妈静下心来倾听比直接给孩子讲道理更加重要。倾听之后，妈妈一句“宝宝说得很有道理”瞬间就能融化孩子的心。

很多时候，孩子顶嘴其实只是表达不清楚

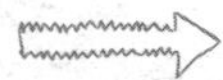

语言表达能力是一个人思维的外在表现，孩子的思维方式与成人的思维方式有着很大区别，当孩子不能理解妈妈说的话或者自身语言表达能力不强时，就会出现顶嘴的现象。这个时候，妈妈们就要培养孩子的理解能力和语言表达能力了。

儿童的语言能力是智力发展的重要体现，孩子在5岁左右就能够较清晰地表达自己的思想和感情了，并且有着强烈的语言诉求，喜欢谈论每一件事，会经常模仿妈妈的语气讲话，已经具有一定的逻辑思维了。但是，这并不代表这个年龄段的孩子可以清晰地理解妈妈所说的每一句话所表达的真实含义。他们在对话中很容易产生“误会”，并对妈妈进行“挑错”，再加上自身掌握的词汇量较少，语言逻辑能力较差，无法表达出内心真正的想法，顶嘴现象就出现了。

琳琳所在的幼儿园要求小朋友回家后和妈妈一起画苹果。5岁的琳琳画了一个大苹果，并准备给苹果涂颜色。妈妈看到琳琳拿起了蓝色的彩笔，于是对琳琳说："苹果应该涂红颜色。"琳琳反驳道："不，我就要涂蓝颜色。"妈妈说："苹果有蓝颜色的吗？"琳琳说："苹果就是蓝色的！"

妈妈耐心地告诉琳琳，苹果应该是红色的，并拿出一个苹果给琳琳看。结果，琳琳就是不听，执意要涂成蓝色。这让妈妈很生气，也失去了耐心，亲自动手将苹果涂成了红色，结果琳琳大哭了一场，说："妈妈是个坏妈妈！"

琳琳的妈妈非常不解，一直很懂事的琳琳怎么就学会了顶牛呢？第二天琳琳的妈妈把这件事跟琳琳的幼儿园老师说了。后来，老师经过循循善诱，才了解到琳琳的真实想法，并告诉了琳琳的妈妈。

原来，琳琳的爸爸是海军军官，常年在部队驻守，妈妈告诉琳琳，大海是蓝色的，爸爸的军舰就在蓝色的大海中。琳琳想爸爸了，所以，就想将苹果涂成蓝色的，希望爸爸平安。琳琳的妈妈了解到真相后，眼泪不由自主地流下来，陪着琳琳画了一个又一个蓝色的苹果。

从上面的案例可以看出，琳琳的顶嘴行为并不是叛逆导致的，只是她内心的感情和想法没有办法通过语言表达出来，而琳琳的妈妈也没能通过有效的沟通手段，引导琳琳说出内心的真实情感，于是就导致了矛盾爆发。现实生活中，这样的情况时有发生，如果妈妈们能够更加有耐心地去倾听和挖掘，帮助孩子提高语言表达能力，就会减少孩子的顶嘴行为。

学龄前孩子语言发展的特点

（1）学龄前的孩子，已经可以完整、连贯地说话，同时语言表达也能做到生动、有感情，并能在讲话过程中与肢体动作相配合。

（2）学龄前的孩子基本能够听懂一些较复杂的句子，理解一段话的意思，可以掌握表示因果关系的连接词，语言的连续性逐步加强。

（3）这个年龄段的孩子的词汇量逐步丰富，能够与成人自由地进行言语交流，开始产生内部言语，即默语。

（4）语言对行为产生调节作用，孩子在行为方面会产生一定的自觉性和计划性。

孩子表达能力差的主要原因

（1）性格内向，羞于开口，平时与人交流时容易脸红，声音小。

（2）思维与语言表达能力发展不协调，语言组织及表达能力跟不上思维的发展速度，说话时表现为语言不连贯、不流畅。

（3）不自信的孩子不敢表露自己的观点，说话时表现为吞吞吐吐。

（4）生活环境单调，缺乏语言交流锻炼，交流常处于被动状态，交流变成被动地提问与回答，语言表达表现为词不达意，缺乏条理。

妈妈智慧贴

学龄前儿童语言表达能力的培养方法

1. 孩子的语言表现力培养

从5岁开始，妈妈可以重点训练孩子的发音，其中包括培养孩子清楚地吐字、调节声音的强弱、运用抑扬顿挫的声调来提高表现力、支配和运用自己的呼吸等内容。通过这些方法，让孩子初步学会通过改变语调来表现所要表达的内容。

2. 与孩子一起说绕口令

绕口令的内容和形式比较活泼，容易被孩子喜欢和接受，绕口令可以帮助孩子区分容易混淆的发音，从而使发音得到锻炼。在教孩子学说绕口令时，妈妈首先要保证自己的发音准确无误，其次要遵循循序渐进的原则，由慢到快。

3. 用孩子理解的词语解释新词

孩子遇到新词时，通常只有与具体事物联系起来才能理解新词的意义。随着孩子语言理解能力的增强，妈妈可以尝试用孩子可以理解的简单的词语来解释新词。例如用“好看”来解释“美丽”“漂亮”等词语。

4. 陪孩子读书

每天晚饭后或睡觉前，妈妈们可以选择一本孩子喜欢的书读给孩子听。最好用丰富的表情和腔调进行朗诵，以激发孩子的阅读欲望和思考能力。同时，孩子会很愿意提出问题和表达自己的观点，也有利于孩子表达能力的培养。

5. 在阅读中识字

通过阅读，妈妈可以教孩子认识一些简单的常用字，将图、文、字结合起来，有助于孩子对汉字的理解。当然，妈妈要注意，不能为了让孩子识字而阅读，而是让识字变成阅读的工具，这样才不会让孩子对阅读产生抵触情绪。

6. 创造适宜孩子表达的语言环境

妈妈在日常生活中要努力营造适合孩子语言表达的环境和氛围，例如鼓励孩子多表达，对孩子的观点给予肯定和支持，让孩子在平等、和谐、被肯定的氛围中表达自己感兴趣的话题。同时，好妈妈也要注意自身的语言修养，为孩子做好榜样。

温馨小提示

学龄前是孩子语言表达能力提升的最佳时期，孩子急于表达自己内心的想法，就会出现顶嘴的行为，妈妈们要透过表象看实质，利用好这一时期，帮助孩子养成良好的语言习惯，这对孩子的智力发展、表达能力、理解知识的能力等方面都有益，会使孩子受益终生。

孩子顶嘴时，再愤怒也要让孩子把话说完

孩子3~5岁时就会进入第一个叛逆期，开始变得处处与妈妈作对，爱顶嘴、爱说“不”。孩子出现这种逆反的原因是什么？妈妈应该怎样应对呢？

孩子进入叛逆期，出现爱顶嘴的行为，一方面是为了证明自身的存在感，另一方面则是急于表达自己的观点，但由于语言表达能力有限，自身观点很难表达清楚，在得不到妈妈认同的情况下，就会表现出顶嘴的逆反行为。

面对这种情况，妈妈要控制好自己的情绪，面对孩子过激的语言，多愤怒也要让孩子把话说完，慢慢引导孩子表达出内心真实的想法，而不是用更加过激的语言和权威去压迫孩子，这样容易给孩子的心理造成负面影响。

晚饭过后，5岁的露露想要妈妈陪着玩游戏，露露的妈妈有篇采访稿着急整理出来，就让露露一个人玩一会儿。露露一脸的不高兴，噘着嘴对妈妈说："妈妈，我要把您的眼睛挖下来！"璐璐的妈妈诧异地看着露露，说："你说什么？"露露说："我还要把您的耳朵切下来！把您的鼻子也切下来！"璐璐的妈妈急着赶稿子，加上露露这样说，情绪一下就上来了，大声斥责露露："我天天上班赚钱养着你，就养了这样一只白眼狼……"露露委屈地大哭起来。

这时，露露的爸爸一边安抚情绪激动的妈妈，一边问露露："为什么要这样说妈妈呢？"露露边哭边说："妈妈没有了眼睛，心能看到我！妈妈没有了耳朵，心能听到我！妈妈没有了鼻子，心能闻到我的味道！我想要住在妈妈的心里……"

听到露露这样说，妈妈身体一颤：原来，是自己忽略了孩子，孩子只是想得到自己的爱啊！

"对不起，宝贝！是妈妈忽略了你。"妈妈跟露露道歉，"妈妈不赶稿子了，陪你做游戏好不好？"

"好！"露露破涕为笑，搂着妈妈的脖子狠狠地亲了一口。

大多数时候，妈妈都会忽略孩子的心，总是喜欢站在成人的角度看问题，总是觉得孩子还小，没有必要与他们进行沟通。其实，孩子的内心世界是丰富而奇特的，有的时候他们并不丰富的语言无法准确地表达内心的感受，甚至词不达意，所表达出的内容可能与心中的感受背道而驰。因此，妈妈在与孩子交流时，要注意以下几点：

1. 不要打断孩子的倾诉

在孩子顶嘴的时候，妈妈们不要盲目发脾气，多愤怒也要引导孩子把话说完，把内心的想法完整地表达出来。在孩子顶嘴的背后，说不定有着令妈妈们感动的原因。

无论妈妈是没有时间听孩子说话，还是觉得孩子说的没道理，在和孩子进行交流时，千万不要打断孩子的话。由于孩子的思维容易被中断，一旦中断将很难恢复，所以在孩子说话的时候，妈妈的注意力一定要高度集中，要认真听孩子讲话，这样不仅是对孩子的尊重，还能很好地发展孩子的思维。

有时孩子向妈妈倾诉，并不是想让妈妈帮他解决问题，而是想要妈妈体会他的感受，如果中途打断孩子的倾诉，他的感受就会因此受阻，情绪就不能发泄出来，从而不利于孩子良好情绪的形成。

2. 站在孩子的角度感受孩子

在生活中，当孩子说话时，很多妈妈都会说“住口”“不要再说了”，以此方式来阻止孩子说话。因此，孩子经常会和小伙伴抱怨妈妈不给他们说话的机会，总是阻止他们说话。由于妈妈总是喜欢从自己的角度看问题，总是觉得自己很懂孩子的心，然而却忘了孩子的思想和年龄。

只有让孩子把话说完，妈妈才能知道孩子真正想要表达的意思，才不会误解孩子的善意。如果每个妈妈都可以站在孩子的角度看问题，认真地听完孩子想要说的话，就能走进孩子的内心，体会到孩子的感受。

妈妈智慧贴

怎样与孩子保持有效沟通

“交流不就是跟孩子说话嘛！”持这种观点的妈妈占大多数，与孩子沟通时，有效交流很少，多数是妈妈在说，孩子不感兴趣，然后选择性遗忘了妈妈的话。在与孩子交流的过程中，妈妈要怎样才能进行有效交流呢?

1. 语言要精练

妈妈与孩子讲话要保持精炼，表达出观点就好，妈妈的长篇大论，没有孩子听得进去。尤其是男孩子，妈妈的唠叨很可能连他耳朵都钻不进去，倒不如直接下命令。

2. 不要追问

妈妈不要过度追问孩子，许多妈妈喜欢刨根问底，当孩子从幼儿园回到家，妈妈就开始不停地问：“你今天吃了什么？跟谁玩了？叫什么名字？玩的什么游戏？老师对你好不好？”女孩子能够坚持回答几个问题，男孩子通常会情绪失控。关心孩子安全是必要的，但过度追问就会让孩子学会敷衍。

3. 不要总是提及孩子的错误

妈妈不要故意反复提及孩子的过错，或者拿孩子的错误开玩笑。只要孩子意识到错误就可以了，反复提起会让孩子充满恐惧和厌烦，对交流没有任何好处。

温馨小提示

在孩子说话的时候，不要轻易地打断孩子，要学会倾听孩子说话，只有这样，当孩子的想法出现错误时，我们才能及时地给予纠正，才能更多地了解孩子，知道孩子的心声，也才能有针对性地培养孩子，让孩子的语言表达能力不断得到提高。

蹲下身来让沟通变得平等，孩子就不爱顶嘴

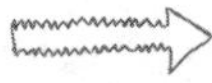

不平等的沟通是导致孩子和妈妈顶嘴的主要原因之一，渴望被尊重，渴望平等沟通，是每个孩子都有的心理诉求。美国一项科研调查报告显示，9个月至3岁的孩子与妈妈保持健康的交流，妈妈给予孩子更多倾诉的机会，孩子在日后会变得更加聪明。

妈妈对孩子的爱是深沉的，是无私的，也是伟大的。妈妈们不辞劳苦地工作，她们可以顶着烈日炎炎在田间耕耘，她们可以穿梭在城市中挥汗如雨，她们可以为了孩子没日没夜地加班……但是，让妈妈感到困惑和伤心的是，她们付出的这些爱，往往换回来的是孩子的不理解，是孩子的反击，是亲子间的隔阂。

中国妈妈受传统教育影响，不善于表达自己的爱，忽视了与孩子之间心与心的交流，往往不能引导孩子说出心里话，也不会向孩子袒露心扉。按照成人的思维，对孩子说心里话是丢面子的事，而这恰恰

是造成亲子间交流障碍的主要原因。

让孩子把话说完

许多妈妈与孩子沟通是以“过来，妈妈有话跟你说”这种方式开始的，在沟通过程中，往往说话的只有妈妈一个人。如果孩子所表达的观点与妈妈的观点相悖，就会遭到妈妈的训斥。如果孩子想反抗，一场母子间的冲突就不可避免。

只要妈妈静下心来观察就会发现，在气氛融洽的环境中，孩子经常是滔滔不绝。所以，妈妈要抓住这样的机会，甚至创造这样的机会与孩子进行交流，有问题要问孩子时，尽量少用“为什么”这个词，因为它容易激发孩子的逆反心理。

面对叛逆的孩子，妈妈可以用引导的方式与孩子进行沟通。如“今天上幼儿园，有什么开心的事情与妈妈分享啊？”“有没有发生特别有趣的事情？”“你今天表现得好不好？”当孩子诉说的时候，妈妈要学会微笑着倾听，不要发表任何意见，只要让孩子感受到妈妈喜欢听他讲话，无论以后他遇到什么开心的事或者不开心的事，都愿意主动说出来。

孩子做了错事，妈妈不要过早下结论，也不要怒发冲冠地训斥。训斥和批评并不是教育孩子的好办法，无论孩子对与错，都应让孩子把事情说完，然后引导孩子自己去分析问题、发现问题，寻找解决的办法。妈妈要学会走到幕后，给孩子独立思考和解决问题的机会，不要将所有事都大包大揽。尊重孩子的意见和想法，才能让孩子愿意分享自己的快乐和忧伤，这才是真正的沟通。

与孩子建立平等交流

如果妈妈与孩子之间的交流出现了问题，妈妈就要考虑改变自己的态度和交流方式了。改变这种情况最简单的办法就是跟孩子分享自己的心事，这里的分享不是敷衍，而是真正地分享。不要低估孩子的智慧，他们已经能够从妈妈的表情和态度感受到妈妈是否真正的尊重他们。向孩子表达自己的观点时，要注意说话方式，避免用指责和命令的语气，同时，要接纳孩子不同的意见，甚至是来自于孩子的批评。

积极引导与耐心倾听

吃完晚饭后，妈妈还有一大堆的事情要做，但这个时候，也是孩子想要表达自己想法的时机。妈妈最好耐心地留在餐桌前，给孩子倾诉的机会。

有位妈妈一直想学会鼓励孩子，她的孩子向她抱怨："功课好难、好多！我都考不好。"妈妈想，一定不能给孩子压力，就温柔地说："考不好没关系，成绩不重要！"

孩子脸色铁青，说道："妈妈，我再也不想理您了，再也不想跟您说话了！"

妈妈的脸色更难看，不知道自己到底又错在了哪里。

实际上，案例中的孩子是在向妈妈表达心情，希望得到妈妈的理解。如果妈妈这样说：“妈妈小的时候，也为此苦恼过，跟妈妈说说，看妈妈能不能帮到你？”这样，孩子的心情就会好很多，也会将内心的不良情绪表达出来。

与孩子沟通，需要妈妈的智慧和细致的观察，并不是所有的说教孩子都会买账。其实，更多时候，妈妈只要带着一双倾听的耳朵就可以了，就能有效避免亲子间的隔阂，与孩子的有效交流也成功了一大半。

妈妈智慧贴

打破亲子沟通障碍的小窍门

1. 创造机会

利用晚饭后的时间，创造一个愉快和谐的交流氛围，可以谈一谈自己的工作、自己的收获，更重要的是自己犯了什么错误，这样，孩子感觉不到压力，就会发表一两句意见。这时，妈妈对孩子的意见要表现出足够的尊重，然后再展开讨论，为与孩子的沟通建立一个突破口。

2. 拒绝唠叨

杜绝说教式的唠叨，这种唠叨，孩子会自动屏蔽掉，因此，说多了也只是妈妈自己拿孩子发泄情绪，没有任何效果。尊重孩子的小秘密，不要高高在上地向孩子提出各种问题，这样会给孩子带来压力，加深隔阂。

3. 分享快乐

妈妈与孩子在一起的时候，可以跟家人分享自己的快乐，在这样的场景下，没有了束缚的孩子自然也愿意分享他的快乐。亲子间的隔阂也就开始进一步地融化了。

4. 控制情绪

孩子在向妈妈分享自己的观点和事情时，难免有让妈妈失望，甚至是情绪失控的事情。这时，妈妈一定要控制住自己的情绪，如果妈妈不能有效控制自己的情绪，让火气爆发出来，就会让孩子敞开的心扉重新关上，并且再难打开。

温馨小提示

孩子能够提出不同的观点和意见，证明这个孩子善于思考。这个时候，妈妈应该欣喜，而不是因为孩子的意见与自己的意见相悖而发怒。妈妈对孩子的观点要保持足够的尊重，在尊重的基础上，孩子才能更容易接受妈妈的引导。

孩子顶嘴时，讽刺只会伤害孩子的自尊心

随着年龄的增长，孩子的自尊心会越来越强，他们希望自己能够得到别人的尊重。当孩子顶嘴时，妈妈不要轻易地挖苦、讽刺孩子，那样只会伤害孩子的自尊心，让孩子变得更加叛逆。

面对喜欢顶嘴的孩子，妈妈千万不要一味地挖苦和讽刺，否则不仅会伤害孩子的自尊，还会影响孩子的一生。负面情绪较多的孩子，妈妈应该多给孩子一些理解和安慰。妈妈对孩子进行讽刺和挖苦的做法已经超过了孩子的接受范围，是对孩子尊严的一种侮辱和诽谤，会深深刺痛孩子幼小的心灵。

经常对孩子进行挖苦和讽刺，会让孩子变得习以为常，无形之中还会助长孩子的毛病，让孩子对妈妈做出抵抗行为。过分地挖苦、讽刺孩子会让孩子对妈妈产生怨恨，影响亲子之间的关系，出现僵局。妈妈的这种教育方式只会让孩子更加疏远自己，而不能让孩子信服。

君君已经上小学二年级了，成绩不是很稳定，尤其是数学，成绩起伏很大。其实君君是个很聪明的孩子，他的领悟力非常强，学什么都特别快，可就是有粗心大意的坏毛病。

妈妈对此特别着急，每次考试，君君经常漏题或者计算错误，有时在草稿上计算完全正确，可是在抄到考卷上的时候就会写错。最开始，每次考试成绩出来的时候，妈妈都会问孩子考得怎么样。慢慢地，妈妈对孩子的粗心行为感到很无力，就不再关心君君的成绩了。

君君是个知道上进的好孩子，看到妈妈总是失望的表情，自己心里也很难过。一次期末考试，君君告诉自己，这次考试一定要仔细，千万不能再犯老错误了，那样妈妈又会失望。

在考试的时候，君君反复地检查自己的答案，结果这种方法真的有了成效，他的数学考了98分。丢掉的2分是因为不会并不是因为马虎。君君看到成绩非常高兴，心里想这次终于可以给妈妈交上一份满意的答卷了。

回到家后，君君把考卷高高地举起，对妈妈说："妈妈，我数学考了98分，这次我没有粗心。"

妈妈不但没有夸奖君君，反而说："不会是抄别人的吧？以你粗心大意的性格，怎么会考这么高的分！"君君的笑容一下就消失了，妈妈的话像一把刀刺痛了君君的心。从此以后，君君的数学就再也没有考好过。

总是讽刺和挖苦孩子，只会让孩子渐渐失去进取的信心，变得越来越消沉。经常受到讽刺和挖苦的孩子，会产生反感和不满的心理，甚至故意和妈妈作对，这时母子关系就会变得紧张。因此，采用讽刺和挖苦的教育方法对孩子是没有任何好处的。妈妈鼓励孩子向前不一定非要采取这种极端的方式，可以多一些鼓励和赞扬。

总之，妈妈一定要学会欣赏孩子的进步，维护孩子的自尊，不要去伤害他们纯真的心灵。

妈妈智慧贴

男孩和女孩听力有差异

男孩和女孩除了性别上有差异，在听力上也有差异吗？事实是，男孩和女孩间的听力是存在差异的。男孩好动，对各种活动的积极性高于女孩，这会影响到他们的听力能力，越是好动的男孩，静下来后，耳朵越容易“罢工”。虽然女孩也有精力充沛的，但通常她们静下心来后，依然能够集中注意力倾听。造成这种差异的原因与男女荷尔蒙指数有关。

男孩存在一个快速生长发育期，此期间也会影响听力，导致暂时性失聪。科学研究指出，女孩的听力能力远高于男孩，70%的学龄前男孩的听力比女孩的差。因此，妈妈们对男孩要更有耐心，不要对他们能静下来倾听抱有奢望。如果希望男孩做什么事，最好直接下达指令，言简意赅。长篇大论，只是白费口舌。

温馨小提示

当孩子出现一些不良行为或者犯下一些错误时，妈妈千万不要挖苦和讽刺孩子，这样会挫伤孩子的积极性，践踏孩子的自尊心，会让孩子的心理受到刺激，出现逆反心理，从而与妈妈对着干。所以，妈妈要适时地鼓励，这样才能更好地改变孩子的逆反心理。

会专心聆听的孩子更快乐

倾听是孩子与人沟通的前提，是人与人之间进行感情交流的基础。孩子学会专心倾听，才不会在妈妈的观点还没有表达完时就出现顶嘴的行为。愿意倾听的孩子会收获更多的朋友，得到更多的友谊。

倾听是一种本领，不是说说那么简单，要想孩子真正学会倾听，需要妈妈多方面的协助。光听是没有任何效果的，要学会有效倾听。有效倾听就是要抓住重点，知道别人讲的重点在哪里，这样才能真正达到倾听的目的。倾听，并不如我们想象的那样简单。

专注是倾听的基础

学会倾听是孩子学会语言表达的一个前提，通过倾听，孩子能知道别人要表达的意思，进而学会如何去表达自己。很多妈妈都觉得倾听是孩子天生的本领，根本不用教，这种观点是错误的。倾听不等于听力，许多孩子在听别人讲话的时候，通常都达不到理想的效果，不是经常听错就是不注意听。要想让孩子学会倾听，就要先学会专注，只有定下心来听别人讲话才能听到心里去。

霏霏是小学一年级的学生，有一次放学之后，妈妈问霏霏：“今天你学到什么新知识了？”霏霏低着头不说话，努力去想，但是想半天也想不起来，这时妈妈又问她：“老师今天留什么作业了？”霏霏挠挠头，还是没有想起来。

妈妈生气地说：“你是不是没带耳朵上学啊？怎么老师说了什么你都不知道。”

霏霏立即反驳道：“我认真听了，就是忘了！”

妈妈说：“认真听了怎么会忘，老师讲课的时候你肯定玩别的了！”

霏霏顶嘴道：“我说没有就没有！”

案例中霏霏并不是没有认真听讲，而是没有专注地倾听，导致听到的内容没有在大脑中形成深刻的印象。霏霏的妈妈显然没有意识到问题出在哪里，就武断地认为霏霏没有认真听课，霏霏感觉自己被妈妈冤枉了，很委屈。如果霏霏的妈妈不能及时认识到自己错在哪里，日后很有可能会造成亲子间沟通的隔阂，霏霏对妈妈的信任也会大打折扣。

要教会孩子有效地倾听

让孩子学会倾听的目的就是要让他们明白别人要表达的意思，从别人的语言中得到对自己有用的信息，增强自己的语言表达能力，不是光在听而已。因此，妈妈一定要让孩子学会有效地倾听，这不仅是对别人的一种尊重，还是自身表达能力的一种提高。

要想让孩子学会有效倾听，就要让孩子在倾听别人说话时有耐心，一定要听别人把话讲完，这样才能了解别人想要表达的意思。如果孩子缺乏耐心，在倾听别人讲话的时候就会心不在焉，注意力分散，这样既会让对方感觉孩子不尊重他，还会由于没理解别人的意思造成一些误会。所以，妈妈要教孩子学会有效地倾听，使其养成耐心倾听的好习惯。

妈妈以身作则，培养孩子养成倾听的好习惯

倾听是孩子学会说话的基础，要想让孩子学会倾听，就必须让他们养成良好的倾听习惯，这样，今后在日常的生活、学习、工作中才会自觉地去倾听别人。

由于孩子的很多习惯都是从妈妈的身上学到的，所以要想让孩子有一个倾听的好习惯，妈妈在平时的生活中就要先成为孩子的倾听者。当孩子与妈妈说话的时候，一定要专心听孩子讲话。这样孩子既可以感受到妈妈对自己的尊重，还能塑造孩子倾听的意识，逐渐地孩子的倾听欲望就会迸发出来，还会在不知不觉中养成倾听的好习惯。

妈妈智慧贴

培养孩子专心倾听的小技巧

1. 多赞美孩子

如果孩子经常受到妈妈的赞美，他在与人交流的时候就会有动力。如果孩子的努力长期得不到妈妈的肯定，就会失去前进的动力。妈妈在培养孩子学会倾听的过程中，千万不要吝啬自己的赞美，要让孩子体会到成功的喜悦，获得成功的满足感。

2. 传授倾听技巧

妈妈想要培养孩子的倾听能力，可以利用自己的肢体语言不断督促孩子认真听，还可以让孩子在听别人讲话的时候，看着对方，集中精力听别人讲。另外，妈妈对孩子倾听能力的训练要有针对性，不能只讲大方向。

3. 强化训练

妈妈可以利用一切可利用的机会对孩子进行倾听训练，只有不断训练孩子倾听时的专注力，孩子才能拥有倾听的能力，掌握倾听的本领。

温馨小提示

倾听不仅能给他人带来自信，还能帮孩子赢得他人的信赖，赢得更多的友谊。懂得倾听，才能从别人的言语中读懂对方，才能在别人需要帮助的时候伸出援助之手，赢得他人的尊重和赞扬。

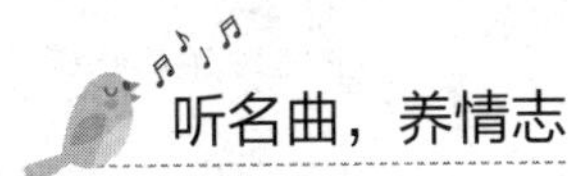

小约翰·施特劳斯与《蓝色多瑙河圆舞曲》

《蓝色多瑙河圆舞曲》是被誉为“圆舞曲之王”的奥地利著名作曲家小约翰·施特劳斯于1866年创作的作品，有着“奥地利第二国歌”的美誉。让孩子聆听优美的旋律，把坏情绪融化在美丽的多瑙河中吧。

多瑙河仅次于伏尔加河，是欧洲的第二长河，流经9个国家，是世界上干流流经国家最多的河流。

《蓝色多瑙河圆舞曲》的的全称是《美丽的蓝色的多瑙河旁圆舞曲》，该曲名取自诗人卡尔·贝克一首诗的各段最后一行的重复句：

美丽的蓝色的多瑙河旁圆舞曲

你多愁善感，
你年轻、美丽，温顺好心肠，
犹如矿中的金子闪闪发光，
真情就在那儿苏醒，
在多瑙河旁，
美丽的蓝色的多瑙河旁。

香甜的鲜花吐芳，

抚慰我心中的阴影和创伤，

不毛的灌木丛中花儿依然开放，

夜莺歌喉啭，

在多瑙河旁，

美丽的蓝色的多瑙河旁。

《蓝色多瑙河圆舞曲》的创作趣事

一次，小约翰·施特劳斯回家时换下一件脏衬衣。妻子发现丈夫这件衬衣的衣袖上写满了五线谱。

她知道这是丈夫灵感突现时记录下来的，便将这件衬衣放在一边。几分钟之后回来，她正想把它交给丈夫，却发现这件衬衣不翼而飞。

原来，在她离开的瞬间，洗衣妇把它连同其他脏衣服一起拿走了。她不知道洗衣妇的居所，就坐着车子到处寻找，奔波了半天，也没有下落。正在她陷于绝望的时刻，幸好一位酒店里的老妇人把她领到了那个洗衣妇的小屋。

她猛冲进去，见洗衣妇正要把那件衬衣丢入盛满肥皂水的桶里。她急忙抓住洗衣妇的手臂，抢过了那件脏衬衣，挽救了衣袖上的珍贵乐谱。这正是小约翰·施特劳斯的不朽名作——《蓝色多瑙河圆舞曲》。

名曲赏析

这首曲子按照典型的维也纳圆舞曲结构写成，由序奏、五个小圆舞曲和尾声组成。序奏开始时，小提琴在A大调上用碎弓轻轻奏出徐缓的震音，就像黎明的曙光拨开河面的薄雾，唤醒沉睡的大地，多瑙河的水波在轻柔地翻动。

在这背景的衬托下，圆号吹奏出这首乐曲的主题音调，连贯优美，高音活泼轻盈，象征着黎明的到来。接下来是五首连着一起演奏的小圆舞曲，每首小圆舞曲都包含两个相互对比的主题旋律。

第一小圆舞曲描写了多瑙河畔，陶醉在大自然中的人们翩翩起舞时的情景。主题A旋律抒情明朗，节奏轻松活泼，与主旋律呼应的顿音，充满了欢快的情绪，使人感到春天的气息已经来到多瑙河。主题B轻松、明快，像是对春天的多瑙河的赞美。

第二小圆舞曲在D大调上出现，第一部分旋律跳跃、起伏，层层推进，情绪爽朗、活泼，给人朝气蓬勃的感觉。乐曲突然转为降B大调，显得优美委婉，与第一部分形成对比。巧妙而富于变化的第二圆舞曲描写了南阿尔卑斯山下的小姑娘们，穿着鹅绒舞裙在欢快地跳舞，富于变化的色彩显得格外动人。

第三小圆舞曲属歌唱性旋律。主题A有优美典雅、端庄稳重的特点。主题B具有流动性特点，加强了舞蹈性，呈现出狂欢的舞蹈场面。

第四小圆舞曲的主题A优美动人，富于歌唱性。主题B强调舞蹈节奏，情绪热烈奔放，与主题A形成了对比。

第五小圆舞曲是第四圆舞曲音乐情绪的继续和发展，只是转到A大调上。主题A旋律起伏回荡，柔美而又温情。主题B则是一段炽热而欢腾的音乐，形成了全曲的高潮。起伏、波浪式的旋律使人联想到在多瑙河上无忧无虑地荡舟时的情景。

最后是全曲的高潮和结尾。乐曲的结尾有两种：一种是合唱型结尾，接在第五小圆舞曲之后，很短，迅速地在热烈的气氛中结束；另一种是管弦乐曲结尾，较长，依次再现了第三小圆舞曲、第四小圆舞曲及第一小圆舞曲的主题，接着又再现了乐曲序奏的主要音调，最后在疾风骤雨式的狂欢气氛之中结束。

第三章 高情商教育，好妈妈给孩子的情绪管理课

当孩子有了一定的能力，对吃饭、刷牙、洗澡等每天要做的各种事情，都喜欢按照自己的意思做时，妈妈要多观察和表扬孩子的表现，没有必要非逼着孩子按照自己的想法和规范去做，否则只会激起孩子的逆反情绪。要求孩子多识字、多数数、多上兴趣班、多学知识，远不如教会孩子怎样去正确表达情绪，培养孩子的高情商重要。

孩子爱顶嘴，妈妈要关心孩子的负面情绪

孩子的负面情绪在不被关注的情况下，会让孩子因害怕失去妈妈的爱，进而采用叛逆、顶嘴等行为来引起妈妈的注意。如果愤怒、生气、伤心、嫉妒等负面情绪不断在孩子心中压抑，长期累积得不到宣泄，就会对孩子的身心成长造成严重伤害。

随着孩子的情绪逐渐分化，心中难免有困惑和不满，但他们并不具备丰富的表达方式，很难将这些困惑和负面情绪表达出来。这就需要妈妈多与孩子进行交流，学会分享孩子的喜怒哀乐，引导孩子说出心中的想法。当孩子顶嘴时，妈妈要给孩子一个宣泄情绪的机会，这样才能保证孩子健康快乐地成长。

孩子负面情绪的表现形式

年幼的孩子自我意识很强，以自我为中心，稍有不顺心就会与妈

妈唱反调，对着干。如果内心需求得不到满足，他们经常会哭闹、耍赖、摔东西，用夸张的方式引起妈妈的注意。实际上，这些都是孩子情绪不能正确表达的体现，也是孩子成长过程中必须要经历的过程。

一般来说孩子在3岁左右，就已经有了讨厌、伤心、抱歉、担忧、害怕、妒忌等丰富的情绪。但是，孩子对这些情绪的感受还处于萌芽状态，遭遇到负面情绪时，通常不知道如何应对。妈妈都有这样的感受，那就是孩子生病过后会很难带，比生病之前更容易发脾气，情绪也更容易烦躁。这是因为孩子语言表达能力有限，很难将内心的情绪准确告诉妈妈，而妈妈又不能耐心倾听，孩子觉得妈妈不理解自己，就会出现类似的表现。

孩子自我意识产生后的许多表现都体现在以自我为中心，对此，妈妈要多关注孩子心理发展方面的知识，不要单纯地认为这是孩子的自私。以自我为中心是每个孩子心理发展过程中都必须经历的阶段。处于这个阶段的孩子，他们的内心世界不容侵犯，一旦他们的“领地”受到威胁，他们就会变得很激烈。但是，因为每个孩子性格不同，表现出的方式也各不相同。外向型孩子会表现出攻击情绪，内向型孩子则表现为害羞、依恋妈妈。

别让负面情绪压抑在孩子心里

妈妈在孩子伤心时，要引导孩子痛快地哭出来；在孩子受委屈时，要对孩子的心情表示理解，引导孩子调解自己的情绪。孩子产生负面情绪后，发脾气、哭泣、大声喊叫等行为，更有利于孩子的身心健康发展。

蓓蓓和玥玥从小一起长大，从小学到大学，一直到工作都在一起，可以说是总角之交的好姐妹。两个人现在做邻居，两家人好得像一家人一样。

蓓蓓的儿子轩轩4岁，玥玥的儿子小宇3岁，两个孩子经常在一起玩。自从有了这两个小家伙，两个家庭间和睦的欢笑声少了，取而代之的是两个妈妈经常性的怒吼声。

因为两个小家伙经常闹矛盾，大多数时候是因为争夺玩具，更多时候，两位妈妈根本就弄不清孩子之间到底发生了什么。轩轩外向，喜欢怒吼和乱扔玩具，小宇生气时不爱说话，但脾气很倔强，抱着玩具不松手，憋得小脸通红。

为此，轩轩通常是在妈妈的大声责骂中被拽着耳朵拎回家，小宇也被以“不懂分享”为由，而受到妈妈的训斥，两家人也总是在暴怒中各自离开。

让两姐妹头疼的是，两个孩子的这种矛盾激化得越来越严重，他们的脾气也越来越大，根本就玩不到一起去了。这让两位妈妈很是感慨：“我们两个小时候感情这么好，为什么孩子就没遗传我们的优点呢？”

案例中的两位妈妈明显没有意识到，当孩子第一次产生负面情绪时，她们并没有及时加以引导和纠正，粗暴的管制方法让这种情绪在孩子心中压抑，最终导致两个孩子心理失衡。实际上，孩子情绪自然流露并不是不良习惯，妈妈只要引导孩子将这种情绪宣泄出去就好，只要不对他人造成伤害，就没有对错之分。

引导孩子将负面情绪宣泄出来

孩子处于成长阶段，与妈妈不同，他们的情绪控制能力较弱，有了负面情绪就会当场发泄出来。这也是孩子不知道如何表达情绪的体现，妈妈要从小引导孩子的这种自发的宣泄方式，如果像案例中的两个孩子那样，负面情绪得不到妈妈正确的引导，孩子情绪的正常宣泄又被压抑，就会对社交产生不良影响，给对方造成伤害。

那么，妈妈要怎样引导孩子宣泄情绪呢？当孩子的情绪出现不良状况时，妈妈首先要控制住自己的情绪，轻轻拥抱下孩子，抚摸他的身体，耐心劝说，引导孩子说出心中的想法。同时，妈妈还可以告诉孩子，以后遇到这种情况，应该怎样去想，培养孩子正确的思维习惯，提高孩子自我调节情绪的能力。

尤其是当孩子感受不到妈妈关注的时候，更不要大声训斥，激化孩子的情绪，只要妈妈耐心地给予孩子关爱，让孩子感受到安全感，孩子的情绪就会平复下来。如果是内向的孩子，情绪通常会压抑在心底，这个时候，妈妈要引导孩子将情绪宣泄出来，比如引导孩子哭出声来、大声叫出来，等到情绪平稳后，再与孩子进行交流沟通。

妈妈智慧贴

帮助孩子管理自己的情绪

孩子慢慢能够认识自己的情绪之后，妈妈就可以帮助孩子管理好自己的情绪了。

首先，最好的办法就是当孩子有不良情绪时，引导孩子直接说出来，即便是妈妈不能认同的观点，也要接纳和理解，从而让孩子感受到，妈妈是理解他的。妈妈可以为孩子做个榜样，如对孩子说“今天早晨因为堵车迟到了，被领导批评，所以，我很郁闷……”，进而引导孩子学会控制情绪，用其他类似的办法说出自己的想法。

其次，运动也是宣泄情绪的好办法。负面情绪能量很大，如果不能合理宣泄，就会以“破坏”的方式呈现出来，如踢垃圾桶、摔东西、顶嘴等。当孩子有了很大的负面情绪后，妈妈可以带着他们去跑步、踢球等，激烈的运动可以宣泄不良情绪，又能锻炼身体，不失为一个好的选择。

温馨小提示

孩子最开始发脾气是为了发泄自己的负面情绪，当孩子发现发脾气可以让妈妈满足自己的某些需求时，孩子的脾气就会一发不可收拾，发脾气不再是为了发泄情绪，反而演变成了威胁妈妈满足自己要求的手段。这时，妈妈决不能让步和迁就，以免助长孩子的坏脾气。

孩子顶嘴闹情绪，不能忽视嫉妒这颗“毒瘤”

孩子和妈妈顶嘴、闹情绪，妈妈要注意观察是不是孩子的嫉妒心在作怪，尤其是有两个孩子的妈妈，更要注意这一点。专家指出，嫉妒心是不知道休息的、最具消耗力的负面情绪，严重影响着孩子的心理健康。

对于孩子来说，嫉妒心理在孩子情绪分化阶段出现较早，如果妈妈不加以正确引导，任其发展，将会影响孩子的一生。嫉妒心理是孩子成长发育和情绪分化过程中无法回避的问题，只能通过后天正确的方式加以引导和克制。孩子只有克制自己的嫉妒心理，才能正视自己，不受外界干扰，专心于自己的事情。如果妈妈不能从小对孩子的嫉妒心理加以正确引导，孩子日后的社交、学习，乃至工作都会受到影响。所以，妈妈要帮助孩子从狭隘的嫉妒心理中走出来。

孩子好胜心强，希望超越别人是好事，只有这样才能激励着孩子不断上进。但是，如果没有培养出豁达的性格与宽广的胸怀，就可能会导致孩子采用不正当的方式去竞争。妈妈要引导孩子认识到，人人都有成功的权利，在人生的道路上，重要的不是超越别人，而是超越自己。以别人为目标，超越别人，容易让自己因为失去目标而迷失；只有超越自己，才不会迷失方向，才能坚韧不拔地前行。那么，妈妈具体应该怎么做呢？

1. 营造良好的家庭环境

每个孩子都有嫉妒心理，只是表现的方式不同。别人有的玩具自己没有，甚至妈妈想不到的东西，都能诱发孩子的嫉妒心。许多妈妈认为孩子的这种心理会随着孩子的成长而消失。心理专家指出，这种心理如果不加以引导，不仅不会消失，还会对孩子心理的正常发育产生不良影响，造成孩子在与别人的对比中感到自卑，丧失自尊心和自信心。

因此，当孩子心中被嫉妒填满时，妈妈要及时帮助孩子疏导这种情绪。

如果在孩子成长的家庭环境中，妈妈表现为喜欢猜疑，喜欢议论和贬低他人，就会在无形中激发孩子的嫉妒心理。因此，想要纠正和预防孩子的嫉妒心理，就必须要为孩子建立一个团结友爱、相互尊重的和谐的家庭氛围，让孩子在潜移默化中学会宽容自己，包容别人。

2. 给予孩子正确的评价

妈妈要给予孩子正确的评价，不能因为疼爱就对孩子的品德、能力等过度赞赏，让孩子产生不正确的自我评价。适当地指出孩子的优点和缺点，让孩子明白，所有人都有优点，也有缺点，不要将自己的缺点与他人的优点进行比较。妈妈不要随意将自己的孩子与其他优秀的孩子进行比较，正是因为这种不恰当、不科学的比较，才导致了嫉妒这颗“毒瘤”飞速滋生。

3. 关注和培养孩子自身的优点

告诉孩子每个成功者并不是全身都是优点，如让爱因斯坦去打乒乓球，让爱迪生去学跳舞，也许他们一生都不会成功了。妈妈要学会欣赏孩子的优点，鼓励孩子不要用自己的缺点与他人的优点做对比，也不能用自己的优点去衡量别人的缺点。

孩子在生活和学习中，会无形地产生各种比较，妈妈要关注孩子的情绪变化，积极地引导孩子用正确的方法取长补短，而不是用不光彩的手段去获得胜利，将孩子的心态引向积极、向上的方向。

妈妈智慧贴

帮助孩子疏导不良情绪

幼小的孩子很难控制自己的情绪，有什么坏情绪都会通过行为方式表现出来。因此，妈妈观察孩子的情绪变化并不难。当孩子出现嫉妒心理时，行为方式也会有不同的体现，如搞破坏、哭泣、说嫉妒对象的坏话等。有的时候，嫉妒心理也会反映在孩子的心理和身体方面，如胃疼、难过、焦躁、情绪低落、没有干劲等。

这个时候，妈妈首先要对孩子的心情表示理解和同情，然后引导孩子将心中的想法说出来。举个例子，假设妈妈带着女儿和另外一个年龄较大的小女孩做游戏，这个时候女儿突然委屈地哭了，就是嫉妒的一种表现。此时，妈妈可以趁机说："妈妈一直陪着姐姐玩，把我们都冷落在一边了，这真不公平，对不对？"如果孩子表示同意，妈妈就要告诉孩子，这种感觉叫作"嫉妒"，妈妈可以这样对孩子说："我知道你觉得嫉妒，是不是？不过这没什么的。"

在孩子产生嫉妒心理时，妈妈要学会安抚孩子的情绪。妈妈们需要知道的是，孩子在这个时候需要的不是需求上的满足，而是希望妈妈倾听他内心的感受，以及对他这种感受的肯定。批评和训斥，只能加深孩子的嫉妒心理，妈妈只要引导孩子将情绪疏导出来就可以了。

温馨小提示

孩子在嫉妒别人时，注意到的总是别人的优点，看不到自己的优点。妈妈要潜移默化地让孩子认识到所有人都有不如别人的地方，也有比他人强的地方，从而让孩子失衡的心态重新恢复到平衡状态。

不完美就对着干，引导孩子乐观应对不完美

许多妈妈在教导孩子的过程中都会遇到这种情况：孩子看到饼干被掰开，就哭闹着不吃了；玩具有破损立即大闹着让妈妈修好，妈妈修好后，孩子看到修理痕迹，又大发脾气！面对孩子无理取闹的行为，妈妈们伤透了脑筋。

在许多成人眼中具有美学特征的物品，在孩子眼中也许并不完美。孩子在2～3岁时，会进入完美敏感期，此时的孩子会对任何事物都追求完美。对于完美的标准，在他们心中有个衡量的标尺。如果在孩子的完美敏感期，妈妈加以正确引导，将孩子对完美事物的感觉留存下来，孩子会更愿意遵守规则，会更加投入地进行工作和生活。

追求完美是孩子的天性

妈妈发现，孩子从某个时刻起，突然要完整的饼干、整套的衣

服、整瓶的饮料……如果孩子心中的这种“完美”被妈妈不经意破坏掉，孩子就会感到痛苦、难过，甚至苦恼耍脾气。

朵朵的妈妈最近很苦恼，朵朵总是因为被子、衣服、袜子而闹得不开心。

一天中午午休时间，朵朵脱完衣服躺下来，没到1分钟就哭闹起来。

妈妈头大如斗地问：“宝贝，又怎么啦？”

朵朵挥舞着小手，大喊大叫：“床！床！”

妈妈仔细看了看，床单很干净，又用手摸了一下，才发现床上有一个细小的沙粒，妈妈将床单撤下来，拍打干净，重新铺好。

没想到的是，朵朵刚躺下，又开始哭闹，原因是被子看起来不舒服。妈妈只好将被子对折起来，用手弄平盖在她身上，朵朵这才躺下来睡觉。

朵朵在幼儿园中，也经常闹脾气。“老师，我要上厕所。”老师说：“快去吧。”

几分钟过后，老师看到朵朵站在那里，模样非常难受，明显是尿憋的。

老师问：“你怎么还不去呀？”

朵朵说：“脏的，脏的。”

老师过去一看，原来小马桶上有几个小黑点，老师用水将小黑点冲走，朵朵才过去小便。

案例中朵朵的行是孩子进入完美敏感期的典型表现。追求完美是孩子的天性，也是每个人的天性。成人不会将有瑕疵的苹果看成不完美，但会对接近完美的苹果感到惊叹。完美可以给人带来精神上的愉悦，孩子追求完美，也表明孩子的精神世界开始走向丰富和深入。

孩子在这个阶段，要求物品完美，而对破坏完美的行为表现出难以控制的情绪，这很容易让妈妈心烦。孩子的这个时期，是关乎孩子品质形成和成长的时机，需要妈妈保持足够的耐心来帮助孩子。

不要破坏孩子对完美的追求

正确了解孩子的完美敏感期对孩子将来的成长很重要。妈妈注意不要破坏孩子对完美的追求，如果破坏了，也要尽力帮助孩子恢复。

一位妈妈在炎热的周末带着3岁的女儿到外面玩。

回家的时候，妈妈发现包里还有一根黄瓜。于是，妈妈就将黄瓜拿出来，从上面掰下一小截，其他的递给了女儿，没想到女儿却大哭不止。

妈妈觉得自己好委屈，自己抱着孩子转了一上午，又累又渴，孩子却连一小截黄瓜都不让妈妈吃。

从母亲的角度来讲，这位妈妈的确应该伤心。但从孩子的角度来讲，他们对于事物的完整性有着执着的追求，并不是因为自私而不分享给妈妈。碰到这样的情况，最好让孩子自己来分配。

处于完美敏感期的孩子不能容忍任何缺陷，哪怕一点小瑕疵，都会让孩子感到痛苦。实际上，这对于孩子来说，并不是缺点，只要不影响到正常生活就好。如果孩子表现为过度追求完美，就可能与妈妈表扬过多，孩子没有经历过挫折有关。面对这种情况，妈妈要引导孩子认识到每个人都有优点和缺点，在生活中教育孩子不要过于苛求，注意转移孩子的注意力，让孩子多参加集体活动，培养孩子活泼开朗的性格。

妈妈智慧贴

引导孩子不要过度追求完美

英国首相丘吉尔有句名言，“完美主义等于瘫痪”，精确地阐述了完美主义的害处。追求完美、享受完美带来的愉悦，是人类共有的情感。但是，如果孩子过度追求完美，就会产生过犹不及的负面影响。

有完美主义倾向的孩子通常表现得很优秀，但优秀的孩子通常会将目标定得很高，不允许自己犯错误，一旦遭受失败，抵抗挫折的能力又很弱，就会极易出现自卑、自责情绪。因此，妈妈要在孩子的完美敏感期对孩子加以正确引导，不要刻意破坏，也不要让孩子过度追求完美。

妈妈要正确认识到，追求尽善尽美并不是个好习惯。事情无论做得好与坏，只要有进步就值得表扬。换句话说，经常考满分的孩子是没有进步的，看不到进步的成绩，只会成为孩子害怕跌落下来的压力。

降低对孩子的标准，是正确引导孩子追求完美的方法。对孩子做事情时每一次的进步进行鼓励和赞扬，而不是盯着结果。妈妈要调整心态，让孩子感受到妈妈对他的爱并不是因为他的成绩，而是无论何时何地都存在的、单纯的爱。

温馨小提示

当孩子已经不能控制自己的情绪时，妈妈可以转移孩子的注意力。比如，当孩子和一个小朋友抢玩具的时候，你就可以用另一个游戏来吸引孩子。这样就可以有效地转移孩子愤怒的情绪，抑制孩子冲动的情绪。

情绪不好就耍赖，巧用方法应对孩子的坏脾气

很多妈妈应该都会有这样的烦恼，孩子脾气特别暴躁，妈妈用尽各种办法都无法改变。有的孩子一不如意就使劲哭，有的孩子则跟妈妈大吵大闹，甚至有的孩子坏脾气上来就摔东西，妈妈们不知道该怎么办才好。

孩子发脾气可以说是一个正常现象。因为孩子较敏感、易冲动，而且没有很强的自制力，在遭受挫折后也没有很强的承受能力。比如，当孩子想出去找他的小伙伴玩时，妈妈不让，这时他就不明白妈妈为什么阻止他，于是就会用发脾气来表达他此时的情感。

孩子到了4岁以后，有了一定的承受挫折的能力，而且已初步明白了一些浅显的道理。如果还是经常发脾气、频频哭闹，这时原因可能就是出在妈妈身上了，说明妈妈教育孩子的方法可能不得当，使孩子养成了这种爱发脾气的不良习惯。那么，妈妈应该采取哪些方法来应

对孩子的坏脾气呢？以下几种方法可供妈妈参考。

1. 给孩子足够的安全感

妈妈平时要多关心孩子，经常通过抚摸、亲吻等来安慰孩子，给予孩子足够的安全感。一旦孩子明白了妈妈的爱，就不会因为失去安全感而变得脾气暴躁。

2. 必要时采用冷处理

冷处理是对待坏脾气孩子的一种有效办法，很多妈妈应该都知道孩子都有这样一个特征，当他哭闹发脾气时，你越是哄他、关注他，他就闹得越凶。因此，当孩子要发脾气时，妈妈可以立刻撤回对他的关注，并将孩子抱到一个单独的房间或安静无人的角落，在保证孩子安全的前提下，让他独自哭闹或生气。在孩子停止哭闹或生气之前，任何人都不要理睬他，同时还要避免跟他有任何目光和身体的接触，这种冷处理的方式，可以让孩子因为无趣而停止自己的行为。

3. 转移孩子的注意力

因为孩子还不懂道理，妈妈讲大道理通常是徒劳的行为，因此，当孩子发脾气时妈妈可以尝试用一些办法来转移孩子的注意力。比如给孩子新鲜的玩具或食物，和孩子一起做游戏等。另外，妈妈还可以及时将孩子抱到另外一个环境，环境的变化可以有效地吸引孩子的注意力，让他从恶劣的情绪里挣扎出来。

4. 培养孩子的自控力

妈妈可以给孩子的日常行为制定一些明确的、合理的规则。当孩子能较好地遵守规则时，就要给孩子及时的表扬和鼓励；而当孩子出现消极行为时，可采取冷处理或适当处罚的方法让他明白自己的错误。妈妈还可以根据孩子的具体情况，制定每日活动安排，为孩子提供足够的认知社会与活动的机会，从而减少孩子违反规则与妈妈发生冲突的机会。

5. 帮助孩子形成时间概念

等孩子稍大一些，能正确地理解妈妈的意图后，可以给他提供一些具体的线索，帮助他理解时间概念，这样，他就不会因为自己的要求没有得到满足而轻易动怒。例如，对孩子说："我们看完这本书，然后再去玩滑梯好不好？"这样孩子就有了判断时间的标准，而不是依赖那些抽象难懂的几点钟来判断时间。

6. 给孩子树立榜样

如果妈妈本身脾气比较暴躁，就应该在孩子面前尽量控制自己的暴躁情绪，避免当着孩子的面大声争论或争吵，尽量以良好的行为方式给予孩子一些正面的影响。同时，还需要注意的一点是，爸爸妈妈对孩子的态度要一致，当孩子发脾气时，爸爸对孩子持什么态度，妈妈也要如此，不要一个批评一个哄劝。另外，在孩子发脾气时，妈妈要保持冷静，不要自己也失去控制而与孩子对着发脾气。

7. 别助长孩子的坏脾气

当孩子发脾气时，妈妈切忌反复用"别发脾气了，行吗？""我们好好说，好不好？"等请求式的语言来哀求孩子，更不能为了及时制止孩子发脾气，而许下不合理的承诺。这些做法可能在短时间内，会缩短孩子发脾气的时间，但从长期效果来看并不可取，因为这样会强化孩子的错误思想，让孩子以为通过发脾气可以控制妈妈的行为。

8. 柔化孩子的性格

个别孩子天生脾气就比较火爆，对于这类孩子，妈妈平时可以故意放慢和孩子说话的语速，经常哼唱或给孩子听一些缓慢柔美的歌曲，以柔化孩子的性格。需要注意的是，无论如何，妈妈都不能以急对急，火上浇油。这样不仅于事无补，反而会让孩子的脾气越来越坏。

妈妈智慧贴

对孩子保持真诚

日常生活中，用哄骗的方式来制止孩子无理取闹的行为非常普遍。然而这种方法是不可取的。首先，这是妈妈对孩子不尊重的体现；其次，也是孩子学会撒谎的根源；再次，会让孩子对妈妈失去信任。妈妈与孩子之间是平等的关系，对孩子保持真诚，是对孩子最大的尊重。

菲菲的妈妈从小对她的要求就比较严格，3岁的菲菲从来不知道糖是什么味道。有一天，菲菲跟奶奶出去玩，回来后对妈妈说："妈妈，我想吃糖。"

妈妈很疑惑，菲菲以前从来没有说过要吃糖。奶奶告诉妈妈，在与小朋友玩耍的时候，有个小朋友分享给菲菲一块糖，菲菲觉得糖果非常好吃。

妈妈像往常那样，告诫菲菲："吃糖会生蛀牙，牙齿坏了会很疼，也不能吃好东西了！”菲菲疑惑地看着妈妈：“那为什么其他小朋友可以吃呢？”妈妈说：“这是为了保护你牙齿的健康！”其实，妈妈也找不到能够解释清楚的合理理由。

菲菲噘着小嘴跑去一边玩她的小玩具去了，但妈妈看出来菲菲很不开心。妈妈很想让菲菲将自己的观点表达出来，虽然菲菲在外人眼中是个听话的乖孩子，但妈妈每次看到菲菲这个样子，心里总是有种莫名的酸痛。

看着菲菲委屈疑惑的样子，妈妈想到每次去外面吃饭，菲菲总是喝着果汁，眼巴巴地看着妈妈杯子中的可乐说：“妈妈喝的是药，菲菲不喝！”

妈妈心里有种负罪感，虽然是为孩子好，但这种欺骗方式总让妈妈感到内疚。妈妈决定不再用欺骗的方法来教育孩子了。

妈妈将菲菲叫到身边，对她说：“妈妈不让你吃糖，是因为妈妈爱你，爱你的牙齿。今后妈妈不再阻止你吃糖了，但你要答应妈妈，不能多吃，吃完糖果要漱口或者刷牙好不好？”

菲菲高兴地亲了妈妈一下，说：“不能多吃，吃完要漱口！”

当妈妈不再用欺骗的方式教育菲菲后，菲菲对以前许多不敢尝试的事情也慢慢大胆尝试起来。朋友对妈妈的做法很不理解，因为菲菲不像以前那样听话了，性格变得外向，开始学会与妈妈讨价还价了，还有了小脾气。

但是菲菲的妈妈却幸福地笑着说：“我家菲菲终于长大了，她能和我讨价还价，说明她开始学会独立思考，有了自己的想法，并且能表达出来了。”

教育孩子的方法多种多样，许多妈妈选择了最笨的“隐瞒”与“欺骗”，尽管这种方法看起来很有效，却是对孩子最不负责任的做法。当孩子慢慢长大，就会明白妈妈曾经的那些欺骗，对妈妈的不信任感就会越来越强烈，最终形成亲子间的隔阂。

无论孩子是否无理取闹，是否哭闹不止，妈妈们都应该引导孩子学会自律和自发地感知事物，对孩子永远保持一颗真诚的心。欺骗得了一时，欺骗不了一世，一旦孩子脱离妈妈的束缚范围，经常会对妈妈曾经用欺骗阻止过的事情进行加倍尝试，到时候就得不偿失了。

温馨小提示

当孩子进入人生中的第一个逆反期时，会变得特别有主意，而且喜欢发脾气。如果妈妈能够意识到是孩子在寻求自我权利的需要，若根据特定的情况给予孩子适当的自由，同时还能制定明确合理的行为规则，孩子的逆反期就会顺利度过。

孩子爱喊叫，妈妈要控制心中的“暴力鸟”

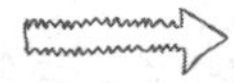

许多妈妈抱怨孩子喜欢和自己大喊大叫，无论怎样劝阻都没有效果。那么不妨给孩子一个发挥的机会，妈妈可以装作耳朵不好使，让孩子喊出他每一件想做的事情。

模仿是孩子的天性，包括如何表达情绪。如果大人平时用大喊大叫的方式表达情绪，孩子就会慢慢学会这种表达情绪的坏习惯。

那么，当孩子喜欢大喊大叫时，妈妈应该怎么做呢？

1. 让孩子喊出心里的想法

面对喜欢大喊大叫的孩子，妈妈与其大声回应，引起强烈冲突，不如控制住自己的情绪，让孩子喊出自己想说的话。

程程是个3岁的小男孩儿，说话喜欢大喊大叫。尤其上幼儿园之后，因为他身材比其他小朋友要高很多，所以经常用对人大吼的方式欺负其他小朋友。他很喜欢别的小朋友见到他害怕的样子。老师也经常为此惩罚他，但惩罚对他来说，没有丝毫效果。回到家里，程程对妈妈也是颐指气使。

幼儿园老师与程程的妈妈沟通后认为，既然他觉得喊叫是沟通的唯一方式，妈妈就可以让他喊出每一件事，不要再强硬地回应。程程的妈妈与老师制订了一个改变程程的计划。

于是，就出现了下面的场景：

程程大喊道："妈妈，把牙刷递给我！"

妈妈没有回应。

程程再次大喊："妈妈，我说把牙刷递给我！"

妈妈还是没有回应。

程程再次喊道："把牙刷递给我！"

妈妈依然没有回应。

程程："妈妈，请——把——牙——刷——递——给——我！"

妈妈说："哦，好的，给你。"

妈妈这样的改变，让程程非常不适应，经过一段时间后，程程就改掉了自己大喊大叫的毛病。因为，他懂得了一个道理，用平和的语气才能与妈妈沟通，大喊大叫只能让妈妈耳朵不好使。

当孩子对妈妈大喊大叫时，妈妈不妨站到孩子身边去，告诉他"我已经离你很近了，不必大喊大叫，导致喉咙痛了"。并且告诉孩子，"妈妈很爱你，也爱你的喉咙"。与孩子对着大喊大叫，只会让孩子变本加厉。

2. 装作耳朵不好使

工作了一天的妈妈筋疲力尽地回到家，还要面对孩子的各种吵闹和斥责，很容易情绪失控。尽管孩子喊叫也是他们表达情绪的一种方式，但是，引导孩子学会用平和的语气表达自己的需求更为重要。

如果家里有一个喜欢大喊大叫的孩子，妈妈可以在适当的时候告诉孩子，自己的耳朵被他喊得有点不好使了，当孩子下次喊叫时，就可以“误解”他说的话了。不同的孩子，对妈妈喊叫的类型也不相同。

例1：

孩子：“妈妈，我恨您！”

妈妈：“对不起，我的耳朵最近不好使了，你刚才说什么？听起来像是很奇怪的声音！”

孩子：“我说，我恨您！”

妈妈：“你说什么？妈妈再次听到了奇怪的声音，你确定刚才的声音是你发出的？”

通过这种方式，孩子通常会忍不住大笑，不仅能够缓和双方的情绪，而且能让孩子不再用这种方式向妈妈表达需求或者以此来压制妈妈。

例2：

孩子："您是这个世界上最坏的妈妈！"

妈妈："你说你要帮妈妈扫地？真是个乖孩子！"

孩子："我是说，您是这个世界上最坏的妈妈，不是要扫地！"

妈妈："你喊得那么大声，妈妈当然听清楚了，你能帮妈妈扫地，妈妈很开心！"

孩子："那不是我说的，我不要扫地！"

妈妈："那好吧，你快去扫地吧，而且地板也的确需要打扫了。"

如果孩子坚决不去扫地，那么妈妈可以告诉孩子，接下来这一天，将会失去哪些权利。如取消去游乐场的计划、没收他最喜欢的玩具等，这样，孩子会明智地选择扫地。通过这种方法，他们会明白，对妈妈喊叫会给自己带来许多麻烦。

例3：

孩子："您真是个笨妈妈！"

妈妈："我刚才听到你说我笨了。最近妈妈的确是笨了很多，原本打算为你买一双小皮鞋，现在已经不知道怎样下订单了，看来，你只能穿原来那双了。"

无论孩子多么喜欢那双鞋子，现在，只能穿原来的旧鞋子了。

妈妈智慧贴

有意识地“闭嘴”

家中有个总让妈妈闭嘴的孩子，妈妈是否能够接受孩子这种没有礼貌的行为？实际上，这已经意味着家庭中某些东西严重失衡。面对这样的孩子，妈妈们用尽了各种办法，都不能起到任何效果。

这个时候，妈妈要告诉孩子，下次他如果再这样说，妈妈就会在接下来的一段时间保持沉默，并忽略他所说的任何一句话，除非是非常重要的事情。如果在接下来的过程中，孩子想让妈妈说话，那么妈妈就可以指着自己的嘴，示意孩子自己已经沉默了，不能说话。

例如：

孩子：“妈妈，您闭嘴！”

妈妈：“你这样很不礼貌，让妈妈感到伤心，妈妈会按照你说的，在接下来的很长时间内闭嘴。”

孩子：“妈妈，我的毛毛熊在哪里？”

妈妈指着自己的嘴，表示已经闭嘴。

孩子：“妈妈，您快说话！我的毛毛熊在哪里？”

妈妈保持闭嘴，表示沉默。

如果妈妈将这个办法进行到底，下次再有类似情况，那就再一次选择“闭嘴”。这个办法需要妈妈们耐心的坚持，可以给孩子足够的教训，很快孩子就会主动承认错误。

温馨小提示

现在大多数家庭中的孩子都是独生子女，妈妈对孩子期望值过高是普遍现象。孩子到了3岁左右，妈妈就开始想着让孩子学点什么。如果是孩子的兴趣所在，那就是好事；如果孩子本身不愿意学，妈妈威逼利诱，就容易引发孩子的逆反心理。

学会分享，过分溺爱的孩子很喜欢对着干

喜欢合作的孩子，会通过分享来获取快乐，自私的孩子则脾气比较暴躁，喜欢和妈妈顶嘴，更不懂得分享。科学家经过研究指出，2～3岁的孩子如果通过合作完成一项任务，并且获得奖品，他们更愿意分享所获得的奖品，而不是独占。

分享对于3岁左右的孩子来说，是一个非常艰难的任务。孩子经常会因为争夺玩具而爆发矛盾。未来社会，只有学会与人合作才能收获成功，个人能力融入团队才能发挥出最大作用。因此，怎样教会孩子合作与分享，也成为当今教育链条中至关重要的一环。

孩子不愿意分享的原因

3岁左右的孩子由于年龄特点和生活经验所限，需要一个循序渐进的过程才能学会分享，不能操之过急。由于生活经验少，孩子可能认

为玩具就像食物那样，分享后就没有了，就会失去对玩具的控制权。他只会将多余的、不需要的分给别人。受心理发展水平限制，孩子分享的对象也有选择性，比如与家里人分享比与外面人分享更多，与熟悉的小朋友分享比与陌生小朋友分享更多。与男孩子相比，女孩子的分享行为更多。只要妈妈给予正确的引导，孩子的分享观念和行为就会有明显的提升。

独生子女家庭中的孩子，所有食物、玩具都是一个人独享，很少有分享的机会。尤其是爷爷、奶奶等长辈，对孩子搞特殊化，使孩子逐渐养成以自我为中心，只顾自己，不知道别人也有需要的性格，这也是孩子不懂得分享的重要原因之一。

另外，许多成年人都喜欢逗孩子。通常，这种逗孩子的行为容易给孩子的分享意识造成误导。比如，妈妈提出分享孩子的东西的要求，孩子不答应，妈妈佯装去抢，将孩子吓到，导致以后不愿意分享；如果孩子答应了，结果妈妈拿到孩子的物品后，又不分享了，孩子失去了心爱的物品后哭了，妈妈开心地说："小气鬼，我是逗你的，不要了，还给你！"孩子会觉得妈妈的出尔反尔让他们伤了自尊，"分享"就是不可信任的意思……这些错误的诱导方式，也是导致孩子不愿意分享的重要原因。

如何让孩子学会分享

要想让孩子学会分享，妈妈可以从以下两点着手进行：

1. 不要逼着孩子强行分享

妈妈将孩子的玩具强行分享给别的孩子，也是造成孩子与妈妈对着干的重要原因。孩子对妈妈的行为表示抗议，妈妈以孩子抠门为由斥责孩子，并勒令孩子分享。儿童教育家指出妈妈越是强迫孩子分享，孩子越会变得自私。无论是孩子还是妈妈，同样具有分享的自由权，妈妈在分享孩子玩具的时候，要学会征求孩子的同意，如果孩子不同意，那就不要强行分享。

有些妈妈潜意识中认为，“所有东西都是我买的，所有权归我，孩子也是我的，也是我说了算”。这种观点用在教育孩子上，会严重挫伤孩子的自尊心。这就和你买了个包作为生日礼物送给朋友，因为这个包是你买的，你认为所有权属于你，所以，第二天你又要回来，送给了别人，第三天又要回来，再送给另外一个人是一样的道理。当妈妈买了玩具送给孩子，玩具的所有权就归属孩子了，妈妈没有权利要回来。

2. 合作可以促进孩子分享

从小就培养孩子合作与分享的意识，对孩子未来的成长非常重要。传统教育模式过于注重孩子智力的拓展和知识积累。如今，仅凭个人能力已经无法应对未来社会的发展，只有学会合作与分享，注重团队，才更容易取得成功。

德国人类进化学研究所的凯瑟琳娜·哈曼教授进行了一项实验。实验是引导两个2岁或3岁的孩子完成一项任务。

她让两个孩子分别站在一块木板的两端，木板两端都各放有2颗小弹珠。然后让他们各自拉动木板上的一条绳子。2颗弹珠中的1颗就会滚到木板的另一端。这样，一个孩子可以拿到3颗弹珠，而另一个孩子只能拿到1颗。

哈曼教授通过实验发现，一半的2岁孩子和四分之三的3岁孩子，都会将多出来的那1颗弹珠分给只拿到1颗弹珠的孩子。如果孩子不用拉动木板就能得到多余的弹珠，他们就不那么愿意分享了。

哈曼教授的这项实验告诉妈妈们，孩子在合作后，很愿意分享合作的成果。因此，想要培养孩子的分享意识，不妨从合作着手，平时多带孩子参加通过合作才能完成的游戏，更有利于养成孩子乐于分享的习惯。

妈妈智慧贴

给予孩子正确的引导

培养孩子的合作与分享的习惯，妈妈可以从以下几个方面进行引导。

首先，模仿是孩子的天性，妈妈的举动对孩子往往能起到潜移默化的影响作用，所以，妈妈们要以身作则，为孩子树立良好的榜样。比如：家中有好吃的，先分给长辈；碰到邻居需要帮忙时，主动上前帮忙等。

其次，妈妈应多带孩子出去玩，给孩子创造与其他小朋友相处的机会。孩子只有慢慢融入集体游戏，才能体会到有些游戏只有合作才能顺利进行下去，才能获得快乐。对于那些“独行侠”和“小霸王”们，妈妈也不要担心他们会惹祸，可以通过集体游戏，让他们从自我意识中脱离出来。

最后，引导孩子学会正确的合作与分享的方法。每个孩子都有利他行为和意识，只是他们不知道与别人分享与合作的方法。妈妈可以通过搭积木等游戏，从简单合作搭出一件作品入手，培养孩子初步的合作意识，逐渐引导孩子与其他小朋友合作，让孩子体会到合作会让事情变得简单的道理。当孩子有分享行为后，及时给予鼓励，孩子慢慢就会变成一个懂分享、善于合作的人。

温馨小提示

孩子对他的物品拥有支配权，妈妈不应该站在成人的角度去命令孩子分享。很多时候，妈妈给孩子买的一件玩具，对于孩子来说，是妈妈的一份爱，孩子不愿意将这份爱与他人一起分享。因此，在孩子不愿意分享时，妈妈要尊重孩子的选择。

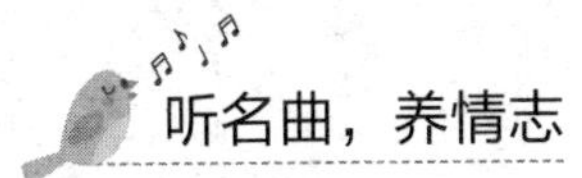

小约翰·施特劳斯与《春之声圆舞曲》

《春之声圆舞曲》是奥地利著名音乐家小约翰·施特劳斯的不朽名作，作于1883年。当时小约翰·施特劳斯已年近六旬，但此曲依然充满活力，处处散发着青春的气息。

据说《春之声圆舞曲》是小约翰·施特劳斯在某个晚上在钢琴上即兴创作的，因此此曲最早的版本是钢琴曲，后经剧作家填词成为声乐圆舞曲，后来作者又将它改编为管弦乐曲，一直深受世界人民的喜爱。曲中生动地描绘了大地回春、冰雪消融、一派生机的景象，宛如一幅色彩浓重的油画，永远保留住了大自然的春色，是一首非常好听的曲子。

乐曲歌词

春之声圆舞曲

小鸟甜蜜地歌唱，

小丘和山谷闪耀着光彩，

谷音在回响。

啊，春天穿着魅力的衣裳，

同我们在一起，

我们沐浴着明媚的阳光，

忘掉了恐惧和悲伤。

在这晴朗的日子里，

我们奔跑，欢笑，游玩。

名曲赏析

该曲没有序奏，而是在四小节充沛的引子之后，贯穿全曲的第一主题（降B大调）随之出现，复杂而具有装饰音色彩的旋律给听众一种春意盎然的感觉。

第二主题（F大调）进入，旋律趋于平和，但色彩依然生动。

优美的第三主题经过重复第一主题之后，在竖琴的伴奏之下缓缓进入，给人以春水荡漾般的舒畅感。

第四主题运用大音程的跳动，显示出无穷无尽的活力。

第五和第六主题略带一丝阴暗的色彩，仿佛是在描写春日里偶尔飘来的阴云。

第七主题节奏自由，阴郁的气氛一扫而空，旋律又呈现出春天生机盎然的感觉。

乐曲的结尾也较为简单，只是重复一遍第一主题之后，利用第一主题的旋律加以变奏，干净利落地结束全曲。

第四章 警惕自卑心，赏识是改变孩子叛逆的良方

叛逆期是孩子成长过程中不可避免的阶段，妈妈要正确认识孩子的顶嘴行为，采用科学、合理的方法引导孩子，用欣赏的眼光看待孩子的优点，鼓励孩子改正缺点。面对孩子的叛逆行为，如果妈妈一味地打压、批评，负面情绪就会在孩子的心里积累下来，孩子就会很容易失去安全感，产生自卑心理。

尊重孩子，避免过分打压让孩子变得更自卑

自卑感是一种不能自助与软弱的复杂情感。自卑的孩子轻视自己，潜意识中认为自己不如别人。过分自卑的孩子通常伴有急于证明自己的特点，喜欢与人争辩，在妈妈眼里就表现为顶嘴，妈妈们要用心分辨。

奥地利心理学之父阿尔弗雷德·阿德勒将自卑解释为自卑情结，并将自卑情结分为两种：一种指以一个人认为自己的能力或天赋比别人差的自卑观念为核心，由潜意识欲望和情感组成的复杂心理；另一种是指一个人由于不能或不愿进行奋斗形成的文饰作用。

自卑情结起因于婴幼儿时期的无能状态和对他人的依赖，是普遍现象，自卑情结能够通过后天调整认识和不断增强的自信心予以取代和消除。阿德勒指出，自卑并不等于懦弱，人们应该正确认识自卑，从而激起取得更大成就的欲望，获得短暂的成功感，与别人的成就相

比较，又产生自卑感，再激起取得更大成就的欲望，反复无止境，而不是在自卑中沉沦。

孩子产生自卑感的原因

自卑的孩子只看到别人的长处和自己的缺陷，常常不切实际地低估自己，对自己全面否定，害怕别人不尊重自己，又认为自己不如别人，进而丧失实现自我的信心，背上沉重的思想包袱，影响到性格的健康发展。孩子自卑心理的形成主要有以下几点原因：

（1）妈妈强势，对孩子期望过高，将意愿强加给孩子，压力过大使孩子产生自卑。

（2）不完整的家庭也是孩子产生自卑的一个重要因素。

（3）妈妈本身自卑情绪强烈，孩子耳濡目染，从而容易产生自卑感。

（4）妈妈专横、粗暴的教育方式，非常容易使孩子产生自卑感。

影响孩子自卑感的因素主要分为以下两个方面：

1. 智力因素

每个孩子都希望上进，但是因为先天智力的原因，有些智商高的孩子总会处于优势地位，而有些智商较低的孩子则处于劣势。长期下来，处于劣势的孩子得不到正确的引导和鼓励，就会逐渐丧失信心，产生消极自卑心理。

2. 定位因素

在学习和生活中各种比较无处不在，有的孩子经常将自己与高年龄段，甚至是成年人进行比较，还有些孩子将自己的专业与大师进行比较，这种定位落差较大的比较，是导致自卑产生的另一个重要因素。

苗苗在幼儿园是个乖巧可爱的小姑娘，可是在家里却是个说一不二的小霸王。今天天气有点冷，淅淅沥沥地下着小雨，苗苗的妈妈几乎是吼着拽着把孩子送到幼儿园的。

“老师，您快帮我管管这个孩子吧，您说大冷天的非得在保暖衣外面穿裙子，就是不穿棉袄，淌着鼻子还感冒了，怎么说都不行，还在家和我顶嘴，我说一句，她得顶我十句，怎么弄呢？”

苗苗嘴里不停地嘟囔着：“我就是不穿，谁叫您和老师说的，说了我更不穿。”

从案例中可以看出，苗苗出现了自卑感的苗头。首先，苗苗在家里很霸道，说明她想要在家里证明自己，在幼儿园很听话，说明她内心并没有太多的安全感。冬天穿裙子，是为了表现自己的与众不同，想要表现得更漂亮。

因此，妈妈们要注意孩子日常生活中出现的行为细节，真正自信的孩子，通常不会太在意细节，无论在家里还是在外面表现都会相同，能够很好地控制自己的情绪，不容易被外界因素干扰。妈妈们不要被孩子的某些行为所蒙蔽，一定要多用心观察，用心感受。

不容忽视的消极自卑心理

消极自卑的孩子会经常用自己的缺点与别人的优点进行比较，认为自己各方面都不如别人，不知道自身的优点在哪里，因为找不到自己存在的价值，容易对生活和学习失去希望，情况严重的孩子甚至会产生轻生的极端念头。

军军是个喜欢动手动脑的男孩子，在幼儿园组织的各种活动中的表现都非常优秀。但是，最近老师却发现军军情绪十分低落，对许多集体活动也不感兴趣了。

老师问军军："今天有你最喜欢的搭积木比赛，为什么一个人在这里发呆？"

军军有些委屈地说道："我以后再也不搭积木了！"

老师问军军："为什么呢？"

军军沉默了一会儿，才对老师说："我在家跟哥哥搭积木比赛，总是输给哥哥，我连像样的形状都搭不出来！"

老师非常纳闷，于是就给军军的妈妈打了电话。通过与军军妈妈的沟通，老师才知道，原来军军大姨家的哥哥放假来玩，带来的玩具中有一种益智玩具，就是军军口中的"积木"，需要具备一定的数学知识才能拼得起来。

军军的哥哥已经小学六年级了，而军军才上幼儿园，两者根本没有可比性，但军军却因为这件事受到了打击，产生了自卑情绪。

上述案例清晰地反映出不对等比较会产生自卑心理，如果妈妈和老师不能及时发现和做出正确引导，孩子就会形成病态心理，很可能危害终身。虽然自卑感对心态良好的孩子有积极的激励作用，但对于心理脆弱的孩子来说，容易变得心灰意冷，甚至万念俱灰。因此，妈妈平时需要多注意孩子的情绪变化，多与孩子进行沟通和交流。

妈妈智慧贴

帮助孩子走出自卑的方法

1. 语言暗示法

积极的语言可以帮助孩子产生积极的情绪，抵消消极心态，妈妈应该经常用“你很聪明！”“你一定可以！”之类的语言鼓励孩子，这样，长期下来，孩子就会认为自己一定可以，重拾信心，挤走自卑。

2. 预演胜利法

在孩子遇到困难不敢面对挑战的时候，妈妈要帮助孩子在头脑中想象胜利后的情景。通过这种幻想式的预演胜利法，有助于孩子战胜恐惧心理，效果立竿见影。

3. 储蓄成功法

成功的保证是自信，妈妈在消除孩子自卑心理的过程中，可以将孩子日常生活中的成功体验积累起来，引导孩子建立成功小档案，并教导孩子经常重温成功的心情，可以有效地树立起孩子的信心。

4. 洗刷阴影法

曾经的失败是孩子产生自卑的温床，因为心理承受能力的不同，孩子在受到挫折时产生的心理阴影也不同。妈妈需要帮助和引导孩子分析失败的原因，总结经验，并帮助孩子彻底忘记那些不愉快的经历。

5. 发挥长处法

每个人都有长处和短处，想要消除孩子的自卑心理，妈妈就要帮助孩子发现他们自己的优势，给孩子发挥自己的优势创造机会，这也是帮助孩子克服自卑心理的关键。

自卑是精神活动的一种表现，属于害羞情绪中的一种，既是隐藏在成功背后的主要动力，也是毁掉一个人的罪魁祸首。因此，妈妈在孩子成长的过程中，要给予表扬和肯定，增强孩子战胜困难的勇气和自信，将孩子从消极自卑情绪中拉出来，发挥出自卑情绪的积极作用，这样，你的孩子才能昂首走向成功。

温馨小提示

孩子在表达自己愿望的时候，有时过于执着，会与妈妈发生争执，甚至表现得有些执拗，妈妈应该充分理解孩子，从积极、正面的角度看待这个问题，孩子的顶嘴是他独立性发展的一个标志和必经过程。

正确应对嘲笑，孩子不顶嘴也能变得勇敢

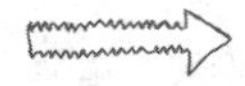

嘲笑在很多成人的眼中没有什么大不了的，只要不理睬，事情自然就风吹云散。相对于没有任何社会经验、年龄偏小的孩子来说，很容易因为嘲笑而受到伤害，心理变得敏感，一有风吹草动就会急于辩驳。

孩子在遭遇嘲笑的时候，心里会产生被排挤、受鄙视的感觉，滋生出难过、害怕、紧张、委屈、沮丧、气愤等消极情绪，进而引发如害怕与人交往、心神不定、做噩梦、不愿上学等一系列负面行为反应，有的甚至会出现攻击性行为。因此，需要妈妈注意的是，经常受到他人嘲笑的孩子，身心的健康发展和人际交往能力都会受到严重影响。

通常“被嘲笑者”分成“忧虑型”和“挑衅型”两种情况。“忧虑型”的孩子在遭受嘲笑后显得焦虑、没安全感，虽然也能够尝试不

去理会那些嘲笑，但是，一旦超过忍耐限度，难免会情绪崩溃。“忧虑型”的孩子情感脆弱，是经常被嘲笑的对象。“挑衅型”的孩子脾气暴躁，为了引起注意，通常是先嘲笑别人，然后遭到别人的嘲笑反击，而这类孩子通常分辨不出善意嘲笑和恶意嘲笑的区别，也因此经常将事情变得糟糕。

当孩子遭受别人的嘲笑后，妈妈应该怎么做呢？

1. 帮助孩子疏导不良情绪

当妈妈听到孩子的倾诉后，不要立即下结论，正确的做法是先对孩子遇到的情况表示理解，如通过“妈妈理解你的心情”“妈妈知道你很难过”等语言与孩子建立起信任感，再想办法帮助孩子疏导不良情绪。妈妈们切不可用成人的思维方式武断地下结论，这将会使妈妈失去孩子最后的信任。

森森的妈妈在暑假期间给她报了一个钢琴班，森森非常喜欢唱歌跳舞，每天都开开心心地去上课，但是过了几天后，妈妈发现森森的情绪不对，没有在意，但是后来有一天，森森怎么也不肯去上课了。

妈妈才意识到问题的严重性，再三追问，森森说：“我不去上课了，他们都笑话我，说我弹钢琴的时候像弹棉花，弹出来的声音是噪音。”

妈妈立刻安慰道：“妈妈知道你的心里一定很难过。”过了一小会儿，妈妈对森森说：“妈妈能摸到天上的太阳，你信吗？”森森大笑着说道："不相信，您怎么可能能摸到太阳呢！"

妈妈说道："那你为什么要相信同学们说的话呢？他们嘲笑你，你认为他们说得是对的，那么你就上当了。下次他们还会嘲笑你，他们说的话，不一定符合事实啊！"

淼淼恍然大悟，又高高兴兴地学钢琴去了，而且，再也没有因为嘲笑而难过了。

作为妈妈，除了像上述例子中淼淼妈妈那样去帮助孩子疏导不良情绪之外，还可以引导孩子从积极的角度理解嘲笑者的动机，让孩子将这种嘲笑行为当成一种鞭策，在疏导孩子不良情绪的同时，激发孩子积极向上的动力。

2. 帮孩子区分嘲笑的类型

相对于男生来说，大多数嘲笑属于善意范畴，只是竞争的一种形式而已。因此，对于不能分辨善意嘲笑和恶意嘲笑的孩子来说，妈妈需要帮助和引导孩子来区分，让孩子学会认清哪些嘲笑是善意的、没有伤害性的。当孩子能够用轻松的心态面对嘲笑者的时候，这些嘲笑者自然就会转移目标。

3. 让孩子进行心理训练

为了避免嘲笑对孩子的伤害，妈妈要让孩子学会良好的应对方式，可以用下面这些句子进行心理练习：

（1）他们不是取笑我。

（2）永远都不要让他们看到我在冒汗。

（3）己所不欲，勿施于人。

（4）保持幽默感。

（5）用语言表达我的想法，而不是用拳头。

（6）这个家伙想要嘲笑我吗？不会的。

（7）随便他们吧。

妈妈智慧贴

怎样有效应对嘲笑

嘲笑是无处不在的。当孩子被嘲笑的时候，妈妈内心再怎样想打抱不平也不要介入。成人的介入不仅不能解决实际问题，对孩子也起不到任何引导作用，教会孩子应对嘲笑的方法才是重要的。

1. 一笑了之

让孩子看到嘲笑中幽默的一面，让嘲笑他的孩子感受到自己行为的愚蠢，从而削弱嘲笑者的力量，比如可以这样回应："这招太过时了。""你以为我以前不知道这个吗？""你能做的就这些吗？""说点我不知道的吧。"

2. 走开

回应完嘲笑者后立即走开，不给嘲笑者反应过来的机会。

3. 结交更多的朋友

鼓励孩子多结交正直、善良的朋友，没有嘲笑者愿意嘲笑一堆人。

温馨小提示

被嘲笑时，向成人或者老师告状并不是很好的办法，除非孩子身心受到严重的威胁，作为妈妈需要做的是教会孩子正确应对他人的嘲笑，培养孩子坚韧、乐观的性格，才是对孩子身心健康发展最有利的。

允许孩子“顶嘴”，帮助孩子克服恐惧心

孩子带着好奇心和些许恐惧心来到这个世界上，当孩子受到惊吓时，很容易在心里形成恐惧。随着孩子的成长，恐惧的东西越来越多，而孩子们却不知道如何来克服这些恐惧。尤其是当这类孩子被人称作“胆小鬼”时，他们自然而然地就会反唇相讥。

恐惧在孩子成长的过程中是不可避免的，即便是成人，也会有各种各样的恐惧。妈妈能否帮助孩子学会如何缓解和克服恐惧，对孩子未来的成长极为重要。孩子们有很多第一次体验，比如第一次剪头、第一次与他人相处、第一次上学等等，每个第一次体验都能让孩子感到压力，甚至恐惧。妈妈要正确认识孩子的恐惧，而不是简单地将孩子说成“胆小鬼”。

恐惧的类别

恐惧是人类及生物的一种心理活动状态，是情绪的一种，是由周围无法预料、无法确定的因素导致的无所适从的心理或生理上的一种强烈反应，恐惧的类别主要有以下三种：

1. 场所恐惧症

场所恐惧症又称为“广场恐惧症”“旷野恐惧症”或“幽室恐惧症”，主要表现为不敢进商店、公共汽车、电影院、教室等公共场所以及人群密集的地方，在那种场合下，孩子会产生极度焦虑的情绪。

2. 社交恐惧症

孩子的社交恐惧症主要表现为在公共场合下感到害羞、局促不安，害怕与陌生人交流。因此，孩子不敢在人们的注视下学习、吃饭等，害怕与人近距离接触，更害怕别人以自己为中心展开话题，回避他人的目光。如果被迫进入社交场合，会产生严重的焦虑反应，惶惶不安，不知所措。

3. 特定恐惧症

特定恐惧症指的是对某一特定物体、动物的不合理恐惧。童年时期对某种小动物产生恐惧非常普遍，随着年龄的增长有所缓解或者消失。特定恐惧症的症状较为恒定，如恐惧昆虫、老鼠等，但有特定恐惧症的孩子在消除某种恐惧后，又会出现新的恐惧对象。

孩子产生恐惧感的原因

恐惧是孩子成长过程中可以缓解，却难以避免的一种情绪。但让妈妈非常困惑的是，到底孩子为什么会产生恐惧感呢？以前孩子不会对这样的事恐惧，为什么突然就开始了呢？其实，这一切都有原因。

丽丽是个非常文静、可爱的小姑娘，上幼儿园后，小朋友们都非常喜欢她。丽丽非常聪明，而且爱运动，很多体育活动对她来说，都非常容易，尤其是旱冰滑得非常好。

丽丽经常和比她年龄大的孩子进行比赛，妈妈也非常支持她，丽丽也在滑旱冰的过程中体会到了快乐。最近，丽丽经常感觉到身体不适，也不再像以前那样喜欢滑旱冰了，就连她最心爱的旱冰鞋都不愿意再碰一下了。

开始，妈妈以为丽丽的兴趣发生了转移，但是细心的她发现了丽丽情绪的变化。经过询问，妈妈才知道，原来丽丽在与小朋友的一次比赛中，有一个小朋友中途摔倒，膝盖磕到了石头上，流了好多血，给她的心理带来了很大冲击，从那以后，丽丽对滑旱冰就产生了恐惧心理。

“妈妈理解你的心情！”妈妈指着草地上正在觅食的小鸟，问道，“你觉得小鸟在起飞之前，是先积蓄力量向前飞呢，还是先向高飞？”

丽丽说：“是向高飞！”

妈妈笑着说道：“对的。就像小鸟一样，你担心摔倒，并不是因为你飞得太快，而是背上了恐惧的包袱，让自己没有办法飞得更高，只有无所畏惧才能飞得更高！”

丽丽点点头，重新穿上了心爱的旱冰鞋。

恐惧是人天生的自我保护意识，孩子在潜意识中认为自己可能存在危险或受到威胁时，就会产生恐惧情绪。随着孩子熟悉的人和事越来越多，对陌生事物的恐惧就会越来越大。像上面例子中丽丽的恐惧，真实存在于她的潜意识中，恐惧虽然无法避免，但却能够克服。作为妈妈，一定要了解孩子内心的恐惧，帮助孩子学会克服内心的恐惧感，否则，孩子内心的恐惧感越积越多的话，将会危害到孩子的健康。

允许恐惧的孩子顶嘴

孩子的恐惧基于自我保护及对陌生环境或陌生人的焦虑。恐惧对孩子来说非常真实，通常妈妈的安慰并不能驱散孩子心中的恐惧。因内心恐惧产生的顶嘴行为，多表现为拒绝妈妈的某种要求。

这种顶嘴行为，妈妈应当以鼓励为主，给孩子树立起面对的勇气，与妈妈顶嘴的过程中，恐惧的情绪会慢慢消散。

一个3岁的小女孩与妈妈坐火车，她高兴地拿着车票，等着检票员来检票，当检票员出现时，她却把票塞给了妈妈，无论妈妈怎样鼓励，她都只说“不”。

小女孩儿表现出来的，就是一种对未知的恐惧心理，是孩子潜意识中保持自身安全感的方式。如果妈妈用合适的方法鼓励她，只要成功一次，这种恐惧心理就会消失。

一个5岁的孩子对妈妈说“床下有怪物”，妈妈坚定地说“床下没有怪物”，孩子坚持说有，妈妈很不耐烦地训斥了孩子，母子之间展开了一场“口水战”。

正确的做法是，妈妈先和孩子一起看看床底下，并且告诉孩子那里没有怪物。如果孩子坚持认为房间里有怪物，躲在还没有查看过的地方，妈妈一定要耐心地和孩子一起查看，并坚定地告诉孩子没有怪物。

妈妈智慧贴

怎样帮助孩子克服恐惧

1. 鼓励孩子勇于尝试

许多孩子的恐惧心理来源于未尝试的事物，妈妈要鼓励孩子多去尝试，尝试过后，孩子就会发现，其实并没有想象中的可怕，妈妈多鼓励孩子勇于尝试新事物，有助于孩子克服恐惧心理。

2. 不随意恐吓孩子

“再哭就让狼把你叼走”此类的恐吓广泛应用于妈妈对孩子的教育中，妈妈经常这样恐吓孩子，对孩子心理的伤害是非常大的，久而久之，孩子的内心会充满恐惧、胆小怕事，甚至会做噩梦。妈妈平时多带孩子到户外，走进大自然，接触更多的人和物，孩子就会慢慢地克服恐惧感，形成独立意识。

3. 缓解孩子恐惧要循序渐进

孩子在新环境或者遇到陌生的人和事物，妈妈应该陪在孩子身边，并告诉孩子正在接触的人是无害的，与陌生人打招呼时，要保持友好的微笑，这样会减少孩子的恐惧感，给孩子适应新环境和陌生人的时间。带一些孩子熟悉的玩具，如果孩子害怕与陌生人对话，不要逼孩子，可以下次再试。

温馨小提示

妈妈们最好不要因为一些小事就用威胁的语言吓唬孩子，或是打骂孩子，应表扬孩子的每一点进步，并经常鼓励孩子，帮助孩子建立起自信心。想要孩子不再胆小，帮助孩子建立起自信心最重要。

贝多芬与《致爱丽丝》

《致爱丽丝》是贝多芬创作的钢琴小品，却体现了贝多芬一贯的创作方式，也是贝多芬音乐创作的一个浓缩，渗透了贝多芬的精神表达。

《致爱丽丝》又被人们称为“微不足道的音乐”，这种微不足道凝聚了贝多芬的个人风格和创作理念，体现了贝多芬独具一格的创作思维。尽管《致爱丽丝》的演奏时间只有3分多钟，但对后世产生了不可磨灭的影响。

作者简介

贝多芬（1770年12月16日—1827年3月26日），是德国著名音乐家，维也纳古典乐派代表人物之一，被尊称为“乐圣”，其作品对世界音乐的发展有着极其深远的影响。贝多芬在音乐史上的地位突出，不仅是古典主义风格的集大成者，还是浪漫主义风格的开创者。

贝多芬对艺术歌曲同样予以相当程度的关注，他是德国艺术歌曲创造的先驱，毕生作有钢琴伴奏的艺术歌曲60多首，他的艺术歌曲以丰富的表现手法和形式来展现，表达属于全人类的情感。

《致爱丽丝》的由来

流传版本（一）

1808年—1810年间，40岁的贝多芬教了一个名叫特蕾莎·玛尔法蒂的女学生，并对她产生了好感。有一次，贝多芬在心情非常愉快的情况下写了一首《a小调巴加泰勒》的小曲赠给她，并在乐谱上题写了“献给特蕾莎，1810年4月27日，为了纪念”的字样。

这份乐谱一直留在特蕾莎那里，贝多芬也没有自留底稿，所以在他去世后的作品目录里也没有这首曲子。直到19世纪60年代，德国音乐家诺尔为贝多芬写传记，在特蕾莎·玛尔法蒂的遗物中发现了这首乐曲的手稿。

1867年，诺尔在德国斯图加特出版这首曲子的乐谱时，把原名《致特蕾莎》错写成《致爱丽丝》。从此，这首钢琴小品开始以《致爱丽丝》的名称在世界上广泛流传，而原名《致特蕾莎》却被人们忘记了。

流传版本（二）

贝多芬创作这个作品的灵感，是来自于一个名叫爱丽丝的女孩。爱丽丝为了帮助一位双目失明的老人实现看见森林和大海的愿望，四处求助他人。

贝多芬为此非常感动，特地在圣诞夜为老人演奏了一段美妙的音乐。听着听着，音乐让老人看见了阿尔卑斯山的雪峰、塔希提岛四周的海水，还有海鸥、森林、耀眼的阳光。

老人满意地合上了双眼，不再有孤独和悲怜。贝多芬便将这首曲子献给了善良的姑娘爱丽丝。

名曲赏析

这首曲子采用回旋曲式写成，结构是ABACA的形式。A是整首小品的叠部，B、C两部分是两个插部。A部分有3小乐句，共22小节；B部分分为2个小乐句，共15小节；C也分为2个小乐句，共22小节。整首曲子不计反复部分，共有103小节。

A部分总共出现了3次，是这首乐曲的基本主题，淳朴而亲切，概括地描绘出女主人公温柔、美丽的形象，仿佛有无数亲切话语要对其诉说，双手交替的分解和弦演奏，犹如俩人在亲密地交谈。

B部分由脉脉的絮语变为愉悦的交谈，音乐流畅、欢快而华丽。右手轻巧地弹奏出装饰音，使旋律活跃起来，仿佛是少女明朗而欢快的语调；左手平稳而流畅地演奏分解和弦，温柔而亲切，仿佛是男主人翁不断地回应着恋人的絮语。第2个句子变得更加欢乐，右手是密集分解和弦的32分音符，仿佛是少女发出的阵阵银铃般的笑声。

C部分音乐情绪发生巨大的变化，层层推进，不可抑制的热情像火焰般地燃烧起来。仿佛是男主人公的心跳，又像他炽热的爱情，诚挚而坚定。

随后是一个连接句，由慢渐快，低声部采用和弦推动音乐的发展，仿佛是少女欣然接受了他的表白。在最高音处，一连串的半音阶下行，充满华丽的色彩，表现出俩人心心相印的幸福感受。最后，乐曲回到叠部，是第一部分最后一次再现。当音乐逐渐变得轻柔时，仿佛一对执手相看的恋人，在渐渐弥散的音乐中定格。

原则不能丢，妈妈要给顶嘴的孩子立规矩

孩子的想法是千奇百怪的，各种行为经常会让妈妈手足无措。“顶嘴”无疑是最让妈妈们头疼的，有些妈妈一味打压孩子，有些妈妈一味纵容孩子，这两种方式都不利于孩子的健康成长。俗话说“无规矩不成方圆”，妈妈对孩子的爱，也要有原则。只有这样才能让孩子从小练就分辨对错的能力。

小规矩，大自由，没有规矩不成方圆

俗话说“没有规矩不成方圆”，孩子的成长需要被尊重、被理解，同时又像小树苗一样，也需要妈妈时常修修剪剪。对于孩子爱顶嘴的叛逆行为，既不能暴力应对，也不能过分溺爱，妈妈的爱要有原则，适当给孩子立一些规矩，让孩子养成良好的习惯。

孩子的自我意识逐渐产生以后，变得越发不听话了，开始变得处处与妈妈对着干，让妈妈有一种无可奈何的感觉。妈妈们都有这样的体会，这些“爱顶嘴”的孩子通常都会有这样一种本事，那就是制造麻烦。

孩子没大没小，叛逆、逆反成了家常便饭。除此之外，也会经常和其他小朋友发生肢体冲突。妈妈们永远无法准确预测出孩子下一秒钟又将做出怎样的举动，为此伤透脑筋。因此，是时候给自己的孩子立点规矩了。不过，妈妈给孩立规矩要注意以下两点：

1. 立规矩不要走入误区

许多妈妈因为不了解孩子的成长规律，或者了解得不够多，又或者规矩落实得并不够，导致在实际生活中能做到的非常少。有些妈妈虽然立规矩的出发点是好的，结果却把立规矩变成了恐吓、威胁、诱惑、放任、溺爱、唠叨等等。这样一来，不但规矩没有立起来，反而导致孩子更加叛逆。

孩子顶嘴的行为，是孩子自我意识发展的必然规律，孩子的种种叛逆行为是长大的表现，他的意识中产生了平等的概念，渴求与妈妈平等对话，所以才会有叛逆行为的出现。因此，妈妈给孩子立规矩，一定要遵循这种规律，保持尊重与平等，避免把立规矩变成宣示家长权威，从而导致孩子逆反心理更加强烈。

2. 给孩子定规矩不能草率

妈妈们都希望自己的孩子从小懂规矩，讲礼貌，很多妈妈也都在努力尝试，希望自己的孩子从小就学会说“请”“谢谢”，见到长辈能礼貌地打招呼，能和其他小朋友和平共处，懂得分享和谦让……当妈妈们的“约法三章”一次次付之东流之后，她们就会发现给孩子立规矩并不是很容易的事情。

桐桐是一个实实在在的“淘气鬼”。桐桐最大的爱好就是到处乱写乱画，客厅的墙上、地板上都留下过他的“杰作”，妈妈为此时常发火，而桐桐却不认错，每次都与妈妈顶嘴大吵，过后依然我行我素。

桐桐不仅在家里如此，和其他小朋友玩耍时，也会经常用拳头“袭击”别的小朋友，对于自己喜欢的玩具，桐桐会毫不犹豫地从其他小朋友手中抢过来，桐桐的妈妈为此非常苦恼。先是说教，后是恐吓，紧接着又威胁，最后是无休止的唠叨，几乎用尽了所有的办法，都没有改变桐桐。

桐桐的妈妈一方面希望桐桐能自由地成长，不给他太多束缚和限制，另一方面，又对桐桐这种叛逆行为感到苦恼。她也尝试给桐桐制定一些规矩，不过都没有起到好的效果，最终都放弃了。桐桐的妈妈寄希望于桐桐能快点长大，长大之后就会变得懂事。

桐桐妈妈的愿望能达成吗？

孩子就像成长中的小树苗，小的时候树干长歪了，怎能寄希望于长大后会变直呢！这也是许多找不到办法的妈妈，经常安慰自己的一种行为方式，或者说是对孩子的叛逆行为无计可施后的一种放弃行为。

妈妈们给孩子立规矩需要明白一个道理，有规有矩才有自由，也就是说，自由不是想干什么就干什么，而是要培养孩子有原则、有底线、明是非、懂对错。规矩和秩序是社会公共生活中最基本的准则，如果孩子从小没有养成良好的规矩意识，他就不会明白自己做事的界限，更加不知道如何对自己的行为和情绪负责。

总之，妈妈给孩子立规矩非常有必要。妈妈要在保持尊重与平等的基础上，与孩子对所立的规矩达成共识，以培养孩子的自制力为根本目的，潜移默化地培养孩子良好的行为习惯，从而让其学会为自己的行为负责。

妈妈智慧贴

妈妈怎样给孩子立规矩

1. 分析孩子叛逆行为的原因

当孩子出现顶嘴、逆反、淘气等行为时，首先不要急着指责孩子，一定要弄清楚孩子行为背后的具体原因，直接对孩子进行指责很容易伤害孩子幼小的心灵，也会让孩子的顶嘴行为变本加厉。学会分析孩子错误行为背后的真正原因，是妈妈给孩子立好规矩的首要条件。

2. 给孩子立规矩要有原则

妈妈在给孩子立规矩之前，要想清楚通过规矩教导孩子什么。给孩子立规矩的最终目的是为了引导孩子养成良好的习惯，并非为了惩罚。比如，培养孩子的自控能力以及对行为的负责能力等，妈妈们想要收获理想的结果，就要随时提醒自己孩子的年龄和大脑发育的特点，并且实施正确的教育方式。

3. 爱要用心，更要从行为上去体现

妈妈要保证自己用一种充满好奇、开朗、宽容、爱的心态和孩子相处，定规矩就要走进孩子的内心，而不是着眼于孩子的表面行为，需要用心去感受孩子的感受。

4. 让孩子感受到不能触碰的底线

妈妈给孩子制定了规矩，就很有必要坚持实行，让孩子知道妈妈在某些方面是有底线的，让孩子知道什么该做、什么不该做，触碰了底线会有什么样的惩罚，需要承担什么样的后果，这样一来，孩子慢慢就会变得有规矩，妈妈相应的教育也就能起到应有的效果了。

5. 规矩是为了纠正行为，改变现状

为孩子制定规矩是方式，帮助孩子在生活中养成良好的生活习惯和行为习惯才是目的。好习惯的养成需要时间，在整个过程中，需要妈妈付出耐心、爱心、童心，尽量采用孩子乐意接受的方式，帮助孩子养成良好的习惯。

温馨小提示

规则在孩子“学习—发现”的过程中起着至关重要的作用，如果平时妈妈给孩子传递的信号不明确，那么想要教给孩子的东西就很容易起到反作用，规矩在孩子的成长过程中不仅不能起到约束作用，反而会使孩子失去安全感。

小惩罚，大奖励，奖惩目标要明确

面对处于叛逆期的孩子，奖励与惩罚是不可或缺的教育手段。正确的奖惩机制可以帮助孩子建立正确的是非观和行为方式。当然，无论奖励还是惩罚，目标都一定要明确，方法和技巧也一定要得当。如果奖惩不当，反而会产生负面效果。

高尔基曾经说过“爱孩子，是老母鸡都会做的事情”。人不是老母鸡，不能依靠本能支配来教育孩子。教育孩子不仅是门艺术，更是智慧的体现，妈妈们不必对别人家表现良好的孩子垂涎三尺，对自己的孩子恨铁不成钢。

世界上每个孩子之间的智商差距微乎其微，当孩子们的表现出现差距时，体现的往往是妈妈们在育儿方面的智慧差距。想要做一个智慧的妈妈，奖励与惩罚是必须要掌握的技巧。

有效奖励与无效奖励

奖励可以有效激发孩子的动力，惩罚能够约束孩子的不良行为。奖励主要包括物质、精神以及活动等，学会奖励与惩罚的技巧，对于妈妈来说极为重要。需要注意的是，过多给予孩子物质奖励，会让孩子形成交易意识；过多给予孩子精神奖励，会让孩子习以为常，满不在乎。因此，奖励的“度”需要妈妈们认真去思考和把握。

例如，孩子想要得到一件玩具时，妈妈可以说：“如果你一个星期都能够按时吃饭，表现良好，就可以给你买这件玩具。”这就属于有效奖励，有利于孩子好习惯的养成。而“给你买了这件玩具，你这个星期要按时吃饭”就属于无效奖励。对于孩子来说，玩具奖励是最直接有效的，随着孩子的成长，妈妈们要将这种物质奖励转换到精神奖励上来。简单来说，妈妈给予孩子奖励要有明确的目的性，一切为了培养孩子的良好习惯，否则将会适得其反。

对孩子的惩罚必须合理

妈妈对孩子好的行为要给予奖励，同时对坏毛病也应该给予相应的惩罚。许多妈妈认为，惩罚无非就是打骂与训斥，其实这是一个误区。要知道，惩罚孩子的目的是纠正孩子的不良行为，而不是宣泄自身的不良情绪。

例如，生活中有些妈妈经常会对孩子大声呵斥，孩子对妈妈的训斥予以大声回应，然后妈妈认为自己的尊严受到挑衅，忍不住开始动手打孩子，最后在孩子的哭声中收场。这样做的结果会导致孩子越来越叛逆，越来越喜欢和妈妈顶嘴。

妈妈对孩子行之有效的惩罚方式，主要有以下几种：

（1）撤销物质承诺。如没收玩具，等到孩子改掉坏毛病，才能再次获得这个玩具。

（2）撤销其他承诺。如答应孩子带他去游乐场玩，但孩子出现某个坏毛病，就撤销这项承诺，直到孩子改掉后再作为奖励兑现。

（3）撤销精神奖励。对孩子进行情感上的冷处理，让孩子意识到，自身的不良行为会导致失去妈妈的认同感。

（4）“体罚”。这里所说的体罚不是打骂孩子，而是让孩子独自待在小板凳上进行反思，这种方式在欧美国家经常使用，有利于缓解孩子暴躁的情绪，让孩子思考自己的行为错在哪里。

妈妈智慧贴

奖惩共用才有效果

整个人类社会都是建立在奖励与惩罚体系之上的，奖励与惩罚无处不在。因此，妈妈对孩子的教育要该奖励就奖励，该惩罚就惩罚。只有奖励与惩罚共用，才能培养出孩子的奖惩意识。一个孩子只受到奖励，慢慢就会养成许多不良品质，如以自我为中心、自以为是、不善于合作、没有勇气面对挫折、心理素质差、没有责任感等。一个孩子受到惩罚太多，也会出现一些不良品质，如胆小、退缩、自卑、不合群、孤僻、自我毁灭、破坏性强、撒谎等。

孩子长大后，面临的是小到一个公司、一个单位，大到一个国家都具有奖励和惩罚的社会。孩子终将走入这样的社会，这个世界的运转方式，不会以个人的意志为转移。如果孩子没有学会适应这种奖惩方式，在走入社会后就会茫然无措，无法适应。苏联著名教育家马卡连柯指出，“如果学校中没有惩罚，必然使一部分学生失去保障。在必须惩罚的情况下，惩罚不仅是一种权利，而且也是一种义务”。

妈妈对孩子的家庭教育中，奖励与惩罚既要共用，又要分明。当孩子有了奖惩意识，就会变得自律，善于控制自己的行为，即便日后没有了妈妈的约束，也能自我激励与惩罚，让自己的人生路走得更加轻松快乐。

温馨小提示

妈妈的鼓励和由衷的尊重是对孩子最大的奖励。虽然赏识教育有利于培养孩子的自信心，但有些妈妈并没有掌握这种智慧。毫无原则地夸奖孩子，尊重孩子的所有理念，甚至在孩子犯错时也姑息迁就，一味赞赏，到最后孩子就会变得无法无天、无视规则了。因此，妈妈对孩子的奖励要做到合理、有效。

面对喜欢争辩的孩子，妈妈该怎么办

孩子有了自我意识后，情绪就容易变得激动。当孩子还在咿呀学语时，妈妈天天盼着孩子早一天能够说出一句完整的话，完整表达出自己的想法。当孩子学会了说话后，妈妈伤心地发现，孩子学习语言的第一个用处，竟然是用来和妈妈顶嘴。

许多妈妈抱怨自己的孩子太喜欢争辩了，这在妈妈眼里是不听话的表现，但是在孩子看来，这是他们与权力做斗争的方式。妈妈叫孩子把地上的玩具捡起来，但是听到的却是“凭什么让我捡！”妈妈告诉孩子只能吃一块糖时，孩子却挑衅般地说“妈妈真小气！”然后当着妈妈的面，把嘴里的糖咬得嘎嘣响。

为此，妈妈们感到很烦恼，怎样才能让孩子停止这种无休止的争辩呢？妈妈们可以从以下两点着手：

1. 以其人之道还治其人之身

面对喜欢争辩的孩子，妈妈直接反驳孩子，往往会引起孩子的强烈反击，事后也起不到任何效果。这个时候，妈妈不妨尝试用孩子的方式对付孩子。

龙龙是个非常淘气的小男孩。无论妈妈想让龙龙做什么，他都会以“很不幸的是……”来进行反驳，这是他从电影里学来的一句话，他把它天天挂在嘴边。

妈妈让他刷牙时，龙龙会说：“很不幸的是，我不想刷牙。”妈妈让他洗澡，他会说：“很不幸的是，我不喜欢洗澡。”妈妈让他帮忙倒下垃圾，龙龙依然会说：“很不幸的是，我不想听您的话。”

龙龙的这种行为，让妈妈感到非常头疼。

案例中发生的事情，在妈妈看来，与孩子进行争辩是毫无意义的。许多妈妈都有这种亲身经历，越是与孩子进行争辩，孩子就会争辩得越起劲。许多妈妈的做法是“不跟孩子一般见识”。但这却是一个教育孩子的好时机，不妨试试下面这种办法：

龙龙：“妈妈，我想去看一场电影！”

妈妈：“想去看什么电影？”

龙龙：“外星人的电影，可带劲了！”

妈妈：“很不幸的是，妈妈不喜欢看外星人！如果看电影，那就选择妈妈想看的电影。”

龙龙：“不！妈妈，我就要看外星人的电影！”

妈妈：“很不幸的是，妈妈不想听从你的选择！”

龙龙：“妈妈，下次再看您的电影，我现在想看外星人的电影！”

妈妈：“很不幸的是……”

龙龙：“哦……妈妈我只想看场外星人的电影！天啊……”

通过这样的对话，再跟孩子谈一谈，让孩子明白平时他就是这样与妈妈争辩的，然后再询问孩子的感受如何。用这种办法时，妈妈要保持微笑，这样会让孩子加深这种不愉快的体验，让孩子自己从内心改变这种没有意义的争论。

2. 赞美喜欢争辩的孩子

有些孩子的争辩并不是没有意义的争论，他们有本质的想法和逻辑，只是与妈妈的观点发生了冲突。这个时候，妈妈的态度决定了一切。如果妈妈不想放弃自己的观点，那就要学会在否定孩子的意见后赞美孩子的积极思考，这会让孩子很快放弃自己的想法。一味地大声争论，只会让矛盾激化。

4岁的鹏鹏试图自己过马路，妈妈极力阻拦，于是母子间展开了一场争辩。

鹏鹏：“妈妈，我为什么不能独自穿过马路？我已经4岁了，您都说我已经是男子汉了，男子汉就应该自己过马路，而不是牵着妈妈的手，我自己会看着车的！”

妈妈：“没有一个妈妈会让4岁的孩子自己过马路的，我也一样。”

鹏鹏：“妈妈您不是教过我怎么过马路吗，我会在绿灯的时候过，也会停下来看车的！”

妈妈：“虽然你说得很有道理，但仍然不行。不过妈妈要表扬一下你的语言组织能力和逻辑能力，让妈妈感到骄傲。”

鹏鹏：“哦好的。”

很多时候，在成人的生活中，喜欢争辩的人也不在少数。学会用赞美的方法结束一场没有意义的争论，会让交谈变得更加顺利和愉快。平时，妈妈对孩子坚持自己观点的某些争论加以赞扬，会让孩子再次想与妈妈争论时，从内心产生抵触，进而换一种方式与妈妈沟通。

妈妈智慧贴

给孩子“升职”

随着孩子的成长，孩子就开始想要争取属于自己的权利。通常的表现方式就是与妈妈争辩，大吵大闹。

当孩子觉得自己长大了时，妈妈没必要跟孩子进行对峙，可以顺势教育孩子，比如：“既然你长大了，那妈妈就给你和妈妈同样的权利，但是，这也意味着你要承担更多的家庭责任，妈妈会为你升职，你要负责妈妈一半的工作！”

无论出于什么原因，孩子产生自我意识后，就开始想要获得与妈妈同等的权利。妈妈可以利用这个机会，培养孩子的责任心，而不是强迫孩子，或者与孩子进行争论。

当孩子试图与妈妈争夺自己的权利时，妈妈可以这样安排：“现在给你‘升职’了，妈妈要将一部分工作职责分配给你，尤其是你不喜欢做的事情，比如扫地、洗自己的袜子、收拾桌子、整理自己的玩具和衣服……”

让孩子明白，权利意味着责任。如果孩子愿意承担这份责任，就放手让孩子去做，认真地给孩子一份平等的机会，既能平息争辩，又能顺势培养孩子的动手能力和责任感。

温馨小提示

为了让孩子有话可以轻松讲出来，妈妈不能时刻以权威自居。不妨在家里营造出足够的民主气氛，谁说得有理就听谁的，并且鼓励孩子随时讲出自己的感受，化解孩子的委屈。不要认为这样会失去妈妈的威信，其实妈妈越这样做，越会得到孩子的理解和认同。

面对孩子不合理的要求，坚决说“不”

生活中，孩子经常会提出一些要求。在孩子的要求中，有许多是不合理的。如果妈妈粗暴地拒绝，孩子就会大哭大闹，而温柔地拒绝，孩子又不会善罢甘休。面对难缠的小家伙，妈妈应该怎么办呢？

对于孩子不合理的要求，妈妈很难将拒绝进行到底。许多妈妈看着孩子哭得伤心，就会于心不忍，然后就满足了孩子的要求。也有些孩子大吵大闹，妈妈看着心烦，也就答应了孩子的要求。孩子觉得这个办法行之有效，下次依然会这样去做。

惯子如杀子

苏联教育家马卡连柯指出：“人们常说，我是父亲、我是母亲，一切都让给孩子，为他牺牲一切，甚至牺牲自己的幸福。”许多妈妈认为这是给予孩子的最好的爱，马卡连柯却认为这是妈妈给孩子“最可怕的礼物”，他说：“这种可怕的礼物可以这样来比方：如果你想毒死你的孩子，你就给他吃一剂足量的你个人的幸福，这就可以将他毒死！”

这个观点或许伤到了那些为孩子付出真心的妈妈，却一针见血地指出了“惯子如杀子”的深刻内涵。对于孩子的不合理要求，妈妈绝对不能全部满足，一味迁就和顺从，只能滋长孩子“以自我为中心”的不良意识。随着孩子这种意识的膨胀，他会变得不懂珍惜、不负责任，认为妈妈所做的一切都是理所当然。

然而，这个世界并不是可以为所欲为的，当孩子长大后，无法面对挫折，无法与他人建立良好的关系，是没有办法在这个社会生存和立足的。因此，不要让孩子变得自私、变得无理。如果妈妈真正爱自己的孩子，就应该坚决制止孩子的各种不合理要求和无理行为，将孩子的言行从小就拉上正轨，为孩子的将来打下坚实的基础。

将拒绝坚持到底

大哭大闹是孩子逼迫妈妈就范的主要手段，如果妈妈一味迁就，孩子一哭一闹，就满足他的不合理要求，这会让孩子认为，只要他一发脾气，就会如愿以偿。所以，妈妈对孩子的不合理要求要拒绝彻底，让孩子明白，妈妈拒绝的事情，是不容更改的。

妈妈下班回到家后，为儿子濛濛做了一顿丰盛的晚餐。

濛濛问妈妈：“今天晚上吃什么？”妈妈回答说：“红烧排骨！”

濛濛说道："妈妈，我不喜欢吃您做的排骨，我要吃比萨！现在就带我去吃！"

妈妈安慰说："濛濛，妈妈上了一天班，实在是太累了，明天妈妈带你去！"

濛濛说："现在就去！"

妈妈耐心地跟濛濛讲道理："妈妈刚下班，回到家又打扫了房间，真的是很累了，等到明天，妈妈再带你去吃比萨好吗？"

濛濛又哭又叫："我就要去，现在就要去吃比萨！"

最后，妈妈屈服了，带着濛濛去吃比萨。濛濛生活在单亲家庭，妈妈为了补偿濛濛，从小就满足濛濛的各种要求，对濛濛是有求必应。一旦妈妈拒绝濛濛的要求，濛濛就会大发脾气。

案例中濛濛的表现完全是妈妈一手造成的。因为妈妈不忍心对孩子的不合理要求说"不"，濛濛就变本加厉，养成了难以纠正的任性、不讲理的坏习惯。濛濛的妈妈爱孩子，但爱的方式却用错了，如果这种方式持续下去，就会害了濛濛。对于孩子不合理的要求，妈妈们要坚决拒绝，狠下心来坚持到底，只有这样才能培养出孩子的良好习惯。

言出必行，真挚关爱

妈妈对孩子的拒绝一定要坚持，对孩子的承诺也一定要兑现。不能因为自己情绪好或者事情小就迁就孩子，也不能因为情绪不好，或者犯错比较严重就打骂孩子，这样才能建立起亲子间的信任。兑现承诺会让孩子感觉到妈妈言出必行。妈妈言出必行的行为方式，也能被孩子模仿，孩子也会养成信守承诺的好习惯。孩子因为不合理要求跟妈妈“耍赖”的行为无效后，也就不会这样做了。

妈妈智慧贴

帮助孩子建立心理疆界

拒绝孩子的无理要求，是帮助孩子建立心理疆界的必经之路。引导孩子分清自己需要什么，他人需要什么，懂得在什么情况下接纳他人，在什么情况下要坚决拒绝他人。只要孩子建立起良好的心理疆界，就不会将自己的情绪与他人的情绪混淆，既不会附和他人，委曲求全，也不会担心因为拒绝而失去他人。

妈妈坚定地拒绝孩子，能够让孩子从妈妈身上学会如何拒绝和承受被拒绝。这样可以帮助孩子保持完整、独立的人格，学会与他人平等相处，为幸福人生打下坚实的基础。不过，妈妈拒绝孩子要把握好分寸，不能为了拒绝而拒绝。不能因为怕丢了面子，而将错误的拒绝坚持到底，发现错了，要勇于承认错误，以免对孩子造成心理伤害。

由于3岁以下孩子的语言表达能力和理解能力有限，妈妈可以采取直接拒绝的方式，简单阐明理由，长篇大论孩子听不懂。但是，要注意态度温和而坚决，不能用粗暴的方式。孩子理解能力差，大声对孩子喊叫，容易让孩子失去安全感。

温馨小提示

妈妈拒绝孩子的不合理要求时要注意把握两点原则：一是让孩子明白为什么不能这样做，二是让孩子感受到妈妈的爱。支持孩子合理的要求是妈妈的责任，拒绝孩子不合理的要求也是妈妈的责任。

训练孩子的自我管理能力

苏联著名教育实践家苏霍姆林斯基在论述学校教育时说道："只有能够激发学生进行自我教育的教育，才是真正的教育。"这对于亲子教育同样适用。妈妈通过合理的教育方法帮助孩子学会自我管理，养成自主、自立的良好习惯，孩子就能管控自己的情绪，不再随意和妈妈顶嘴了。

自我管理是促进个人成长和发展的重要途径，有效地管理自己的思想、情绪、意识和言行，孩子才能将自己的潜能发挥到最大。对于孩子来说，想要他们深刻地认识和理解问题显然不太现实，这就需要妈妈们从生活中帮助孩子养成自己管理好自己的好习惯。

孩子自控能力差的原因

"我家孩子3岁，吃饭连哄带骗，很费劲，往往一顿饭要分几次吃。”“孩子上幼儿园了，早上不起床，晚上不睡觉，每天都迟到……”“我孩子从来没有安心做过一件事，总是做到一半就跑去玩了。”……总能听到妈妈类似的诉苦。其实，这些现象都是孩子自我管理能力差造成的。

儿童教育专家指出，缺乏自控力的现象常见于3～8岁的孩子身上。具体表现为注意力不能集中、做事虎头蛇尾、坐不住、时常和妈妈顶嘴、对负面诱惑没有抵抗力、无法控制自己的不良情绪等。

总体来说，在平时生活中孩子自控力差主要有两种情况：一种是任性而为，也就是说凭着自己的性子做事，不计后果；另一种是主观上多次下决心控制自己的行为，但行动上仍然不能控制自己。

这两种情况就形成了妈妈们经常说的“孩子自己管不住自己”。没有自控能力的孩子就不能很好地安排自己的生活和学习，不能集中精力完成一件事，也不能自主地思考和决定。遇到自己解决不了的问题，就会和妈妈大发脾气。因此，帮助孩子培养自我控制力，对孩子独立品质的养成十分重要。妈妈可以寓教于生活细节，从小对孩子进行循序渐进的培养。

引导孩子管理自己的生活

妈妈在生活中大包大揽，会让孩子形成“只要我不愿意做的事，妈妈就会帮我去做”的意识。一旦这种意识形成，孩子就开始变得懒于思考了，主观能动性会越来越低。所以，妈妈们正确的做法是，让孩子知道，许多事情需要自己去做，自己有能力管理好自己的生活。

妈妈可以通过鼓励、赞扬等方式，让孩子建立起管理自己生活的信心，这样他们才会主动尝试去管理自己的世界。

2岁的琪琪看到妈妈穿衣服，就开始试着用笨拙的小手自己穿衣服。妈妈看到后，立即帮着琪琪将衣服穿好，结果琪琪哇哇大哭，弄得妈妈满头雾水。妈妈在喂琪琪吃早餐的时候，发现琪琪对妈妈喂饭表现出厌烦情绪，并且很努力地想去驾驭那把小勺子。

琪琪的行为引起了妈妈的深思，于是妈妈开始试着帮助琪琪管理自己的生活。

琪琪第一次自己将衣服穿上时，就系错了扣子，妈妈很想笑，但是她觉得这是孩子的第一次，于是好好地表扬了一番，见到熟人就跟别人夸赞琪琪会自己穿衣服了。

琪琪在妈妈的夸奖之下，自己做事的热情越来越高。现在，4岁的琪琪根本不用妈妈操心了。准时吃饭，自己洗脸、刷牙，自己睡觉，在幼儿园里，还能帮老师照顾其他小朋友，这让琪琪的自信心越来越强。

管理好自己的生活，是孩子自我管理能力中重要的一环。如果连自己的生活都管理不好，又怎么会管理好其他方面呢？因此，只要是孩子力所能及的事情，妈妈就不要代劳；只要没有危险的事情，就放手让孩子去尝试。比如房间乱了，让孩子自己去整理，妈妈要从这样的小事中逐渐锻炼出孩子的自我管理能力。

妈妈智慧贴

自我管理法

孩子的模仿能力非常强，妈妈可以经常带着孩子与自我管理能力强的人接触，与能够管理自己的孩子玩。这样，孩子就会学习和效仿，并形成属于自己的自我管理方法。下面给妈妈们介绍3种科学有效的自我管理方法。

1. 系统科学的自我管理方法

这种方法是把孩子的成长当作一项系统工程来研究和管理，对孩子的成长做出分析，让孩子的成长更符合成长规律和教育规律。孩子在成长的过程中总是错误不断，也会遇到许多困难，妈妈在这个过程中要扮演导师的角色，向孩子一点一滴地渗透自我管理的概念，让孩子逐渐理解遇事多思考、多推理，遇到困难学会找出最佳解决方案等。

2. 行为科学的自我管理方法

孩子的思想很容易被妈妈看穿，因为孩子想什么就会很直观地体现在他的行为上。妈妈平时要多从孩子的行为上进行纠正和分析，将孩子一些不正确的想法消灭在萌芽之中，帮助孩子将想法和行为统一起来。

3. 预见未来的自我管理方法

预见未来指的是对客观事物正确认识基础上的科学预见。比如，如果将玻璃杯子掉在水泥地上，杯子可能会摔碎。妈妈平时要多带孩子出去玩，见识各种各样的事物，积累信息和知识。只有这样，孩子才能慢慢预见某种决定或行为会带来哪些后果。这种习惯的养成，有助于孩子在未来成长道路上减少盲目性，获得主动权。

温馨小提示

让孩子以恰当的方式参与妈妈的活动，他就会觉得自己很重要。因此，无论孩子现在多小，都要给他布置力所能及的任务，比如逛商场的时候，妈妈可以抱着他，让他帮着拿货架上的商品，这会带给他一种当家做主的感觉。

柴可夫斯基与《天鹅湖》

孩子欣赏音乐，除了艺术上获得熏陶外，还能产生各种心理的、生理的积极效应。尤其是在心理方面，孩子如果能保持愉快稳定的心情，顶嘴的行为就不会出现了。家有脾气暴躁的“顶牛娃”，妈妈不妨和孩子欣赏一曲《天鹅湖》，或看一场《天鹅湖》的芭蕾舞剧。

《天鹅湖》是彼得·伊里奇·柴可夫斯基的代表作，柴可夫斯基又译为柴科夫斯基（1840年5月7日—1893年11月6日），是19世纪俄罗斯伟大的作曲家、音乐教育家，被誉为伟大的俄罗斯音乐大师。柴可夫斯基的曲子织体饱满，旋律优美，情感丰富。

柴可夫斯基的《天鹅湖》音乐像一首具有浪漫色彩的抒情诗篇，每一场的音乐都出色地完成了对场景的抒写和对戏剧矛盾的推动，各个角色的性格和内心刻画得非常深刻。这些充满诗情画意的戏剧力量，并有高度交响性发展原则的舞剧音乐，是柴可夫斯基对芭蕾音乐的重大改革，也是舞剧发展史上的一部划时代作品。

名曲赏析

柴可夫斯基对舞剧音乐进行了许多革新，克服了过去舞剧音乐的公式化弊病，赋予舞剧音乐以交响性发展，使舞剧更富戏剧性，大大提高了舞剧音乐的表现力。柴可夫斯基在《天鹅湖》的音乐中成功地运用了交响乐原则、奏鸣曲式中主题的对比和展开原则、赋格段及回旋曲式的自由运用原则。

柴可夫斯基将舞剧中的古典舞和代表性民间舞的音乐和表现力大大提高，使之焕然一新。以动人心弦的旋律，如泣如诉的歌唱性乐句为主导，巧妙地运用了各种音乐表现手法来塑造人物形象，展开戏剧冲突，让整个舞剧音乐优美完整、富于诗意。

欣赏音乐的同时，妈妈可以将故事中体现出的勇敢、善良、聪明、勤劳等美好的品质讲给孩子听，利用音乐中蕴藏的丰富情感和美好结局给孩子以良性刺激，帮助孩子健康成长。

《天鹅湖》的故事

美丽的奥杰塔公主到山上采花，不幸遇到恶魔。恶魔要娶她为妻，被她拒绝，于是恶魔恼羞成怒，用魔法将公主和她的女伴们全都变成了天鹅。

有一天，王妃对儿子齐格弗里德王子说，她明天就得挑选一位少女做他的未婚妻，并邀请她参加他们的节日。

王子在梦中遇到他的心上人，可是她在哪儿呢？这时他被一群天鹅深深地吸引住了。他便跟随它们，来到一个偏僻的已成废墟的城堡附近的湖岸。在湖岸，这群天鹅翩翩起舞，一只最美丽的白天鹅吸引了王子。

这时，天鹅突然间变成了一群少女，那位最美丽的姑娘向王子吐露了她们神秘而不幸的遭遇。原来，那位美丽的天鹅就是被魔法禁锢的公主。那就是一位年轻人忠贞不渝的爱情，才能使她和侍女们摆脱巫术。

王子深深地爱上了天鹅公主奥杰塔，并向她表达了他的爱慕之情。可是他们的谈话被恶魔洛特巴尔特偷听到了。在节日舞会上，魔王洛特巴尔特带着他的女儿奥吉丽雅走进了大厅，奥吉丽雅是奥杰塔的复制品。目的是迷惑王子，骗取他的爱情宣言。王子以为奥吉丽雅就是奥杰塔，因此宣布与她结婚。恶魔洛特巴尔特狂笑着，带着奥吉丽雅离去。

王子此时才明白是个圈套，万分绝望地向天鹅湖奔去。知道真相的奥杰塔无限感伤，决心不再宽恕王子。恶魔狂喜地露出狰狞的凶相，王子不顾一切地向恶魔冲去，在奥杰塔和众天鹅的帮助下，恶魔被王子杀死。

巫术消失了，奥杰塔和侍女们恢复了人形。最后，奥杰塔公主和齐格弗里德王子幸福地生活在了一起。

第六章

挖掘闪光点，学会善待爱顶嘴的孩子

世界上没有完全相同的两片树叶，也没有完全相同的两个孩子，每个孩子都有自己的优缺点。妈妈要根据孩子成长过程中所表现出的规律和特点，从更多角度去观察和判断孩子的个性，根据孩子不同的表现，采取不同的教育方法。有的时候，只要妈妈拥有一双善于发现孩子优点的眼睛，敢于大胆放手让孩子去做他喜欢的事情，顶嘴的孩子往往会给妈妈带来意想不到的惊喜。

妈妈的赞美与赏识，是构建孩子未来的基石

孩子的观点得不到妈妈的认同，自身价值无法体现，就会出现顶嘴行为。妈妈的赞美与赏识是激发孩子潜能的秘诀，世界上许多取得伟大成就的人，都有一位赏识他的妈妈。经常被赞美的孩子，心理和行为都会变得越来越积极。

世界上没有完全相同的两个孩子，每个孩子都拥有不同的天赋，都有优点和缺点。好妈妈要学会发现孩子的优点并加以赞美，而不是盯着孩子的缺点加以训斥。妈妈们应该学会在尊重孩子差异的基础上，给予孩子正确的引导，赏识孩子的闪光点，帮助孩子将自身优点不断放大，消除孩子的逆反心理。

赏识是对孩子最有力的支持

妈妈的赏识不是对孩子简单的奖励和赞扬，而是发自内心对孩

子的承认与尊重。奖励与赞扬是对孩子已经完成的结果给予肯定的评价，赏识则是对孩子做事的过程和选择给予鼓励和支持，让孩子对自己所做的事充满信心。

有个孩子很调皮，不仅喜欢和妈妈“顶牛”，对自己的行为也没有把控力。这位妈妈第一次去参加儿子的家长会时，幼儿园老师对她说：“您的孩子太好动，在自己的位置上，总是坐不了3分钟，建议您带孩子去医院看看，是否有多动症！”

妈妈听了很心酸，回到家后，对孩子说：“老师表扬你了，说你以前在板凳上坐不了1分钟，现在能坐3分钟，有很大进步！”当天，孩子没有让妈妈喂饭，自己多吃了两碗。

孩子上小学后，家长会上老师对这位妈妈说：“这次考试，您的孩子排在全班50名同学中的第40名，他既不努力，也不聪明，这么下去可不行。”妈妈听了很伤心，但是回到家中，她却对儿子说：“老师对你充满信心，她说你并不是一个笨孩子，只要努力，就能超过排在20名的你的同桌。”孩子第2天上学时，比平时都要早。

孩子上初中后的一次家长会上，让这位妈妈意料之外的是，他的儿子并不在差生行列，老师对她说：“您的孩子现在的成绩，考重点高中有点问题。”妈妈回去后，对儿子说：“老师对你非常满意，说你只要努力，就能考上重点高中。”

当孩子拿到重点大学录取通知书的那一刻，他哭着对妈妈说：“妈妈，我知道我不聪明，但是，这个世界上只有您欣赏我。”

上面的故事，可能许多妈妈都耳熟能详，但真正能做到反思自我，又付诸行动的妈妈有多少呢？为什么妈妈们不能像案例中的妈妈那样，赏识自己的孩子呢？归根结底就在于妈妈们放不下自己的尊严，控制不好自己的情绪，再加上心血来潮式的教育没有持续性，赏识教育也就成了一纸空谈。

妈妈应实行正确的赏识教育

正确的赏识应以表扬为主，适度批评为辅，将表扬与批评相结合，是一种以发展孩子发散性思维、培养孩子创造力、养成优良品质为目的的赏识教育。赏识教育并不是不批评孩子，而是要求妈妈在包容孩子的自尊心、兴趣，尊重孩子人格的前提下，引导孩子的自主性，在批评与赞扬的过程中，让孩子感受到妈妈的爱，收获自信心。

赏识孩子不仅可以改变孩子顶嘴的叛逆行为，还可以将孩子引向成功。这既是对孩子的理解，也是对孩子尊重的体现。生活中，有些妈妈认为自己的孩子这也不行，那也不行，实际上，这类妈妈缺乏发现自己孩子优点的眼光，用自己孩子的缺点与其他孩子的优点进行对比，极容易挫伤孩子的自信心。

真正的赏识是在承认差异、尊重差异的基础上，发现孩子自身的闪光点，激发孩子的潜能，让孩子这棵幼苗，爆发出生命的能量，茁壮成长！当然，赏识并不是盲目夸耀孩子，而是要真正找到孩子的优点，否则会让孩子产生盲目自大的心理，起到适得其反的不良效果。

妈妈要教会孩子自我赏识

妈妈们要懂得一个道理，那就是无论给予孩子多少帮助，为孩子铺平多少道路，最终孩子迟早都要依靠自己的能力前行。包办孩子的一切只会让孩子将依赖变成习惯，失去自理能力。另外，过度赏识也会让孩子只有在妈妈的赞许和鼓励下才有目标，没有自我指导能力。因此，妈妈对孩子的赏识教育的正确做法是，赏识孩子的同时，还要教会孩子自我赏识，提醒他们从内心尊重自己、认识自己、承认自己。

例如，当孩子做了一件错事并主动承认后，妈妈可以告诉孩子："你的做法体现了你的勇气，应该告诉你自己'我做了一件正确的、了不起的事'。"还可以教会孩子在心中给自己起一个爱称，并且在心里这样称呼自己，这个可以是一个显赫的头衔，也可以是一个甜甜的昵称。这样，当孩子感觉疲倦、烦躁而有所惰怠时，能够给予自己积极的心理暗示，例如："来吧，勇敢的骑士，只剩最后一个难题了，我们一起解决它，我知道你一定行！"

妈妈智慧贴

教会孩子面对挫折

如果孩子付出了自己最大的努力去做某件事而失败，妈妈们应该教会孩子不要只看结果，告诉孩子通过这件事，应该在内心给予自己肯定和赞美："我知道你已经做了最大努力，而且做得很好，下一次，一定会做得更好！”

许多妈妈在孩子遇到困难和挫折时，常见的行为是直接伸手帮助孩子，而不是教会孩子怎样从跌倒的地方爬起来，引导孩子自己鼓起勇气克服困难。许多妈妈可能难以理解赏识孩子的失败，难道失败也要赏识吗?

实际上，当孩子失败时，更需要赏识。如果这时孩子得不到赏识，很可能就会因为失产生沮丧情绪，这比失败本身还要可怕。如果得到妈妈的赏识，孩子就会从失败中得到可贵的东西。

失败就是失败，硬要将失败说成成功，是没有说服力的，更不应该将失败归于客观原因。妈妈们教会孩子勇于承认失败，面对失败，是孩子成长过程中重要的课程。一味训斥和批评孩子，不仅会挫伤孩子的自尊心，还可能导致孩子出现更加叛逆的行为。好妈妈会让孩子知道，失败每时每刻都在发生，每个人都会遇到，只有敢于承认失败，战胜挫折的人，才是人生的勇士。

温馨小提示

孩子善于模仿，妈妈在日常生活中的行为与表现对孩子影响极大。例如，乘坐公交车时，有人踩到你的脚，此时你可能会很不高兴，但也要心平气和地接受他人的道歉。因为孩子会密切关注你的一切表现，并作为自己处理矛盾的行为方式。

“顶嘴”源于思考，不做孩子梦想的绊脚石

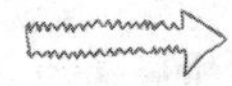

孩子总能产生一些奇思妙想，这些想法在妈妈眼里只觉得幼稚，难以认同。得不到妈妈的认同，孩子自然就会反驳，如果妈妈言辞激烈，孩子的反抗也就会变得激烈，于是，“顶嘴”就很自然的出现了。

在妈妈们眼中，孩子就应该听话、懂事、好好学习，将来有个好的前程。甚至，一些妈妈会把自己没有实现的理想也寄托在孩子身上。因此当孩子出现拖拉、顽皮、叛逆等行为时，总是一副恨铁不成钢的样子。

不要阻碍孩子的梦想

其实，当孩子出现顶嘴行为时，妈妈们应该感到高兴才对，因为只有有自己的想法，善于思考的孩子，才会反驳妈妈的意见，无论孩子的观点对错与否，至少，孩子开始学会了思考，有了自己的想法。

妈妈们要明白一个道理，没有谁能替孩子过完一生，如果不能帮助孩子实现梦想，至少不应该阻碍它。

孩子从小过于听话并不一定就是好事。过于听话的孩子常有两种情况：一是妈妈过于专制，喜欢用命令压制孩子，不允许孩子表达自己的真实想法；二是孩子过于依赖、顺从、压抑，没有自己的主见或不敢表达自己的看法，这样的孩子一般会比较懦弱、退缩、自卑，做事也缺乏创造性。

所以，孩子爱顶嘴，其实并不是一件坏事。做妈妈的只要善于引导，孩子也不会无理取闹的，而且这样还能培养孩子活跃的思维及创造力。

孩子们经常乐此不疲地玩一些游戏，当小医生、当科学家、当老师，妈妈可以趁机告诉孩子想要成为那样的人就必须懂得很多知识，这时孩子不仅不会顶嘴，还会很认真地学习，而且还会不断提一些问题。所以，当孩子有梦想时，妈妈们不妨引导孩子朝着实现理想的路上前进。

鼓励孩子的梦想

无论孩子的梦想多么平凡，多么梦幻，多么天马行空，又或者多么卑微渺小，妈妈都不该嘲笑孩子，反而应该鼓励孩子说出来。经常打击孩子的话，哪怕是以玩笑的形式进行嘲讽，孩子都会变得不愿意和妈妈谈这个问题，甚至出现顶嘴等行为，造成亲子间的隔阂。

例如，孩子的理想是成为一名宇航员，妈妈可以引导孩子把这个梦想写下来，并且和孩子一起分析，成为一名宇航员需要掌握哪些知识，具备哪些素质，然后把这些条件一一列下来，并鼓励孩子把它当成今后学习的主要参考，努力去做一些能够对实现理想有所帮助的事情。

另外，妈妈们还要把自己的价值观摆正，并不是只有成为宇航员、科学家之类的理想才有意义，理想没有高低贵贱之分，不管孩子的理想是什么，他为了理想不断努力的过程才是最重要的。在这一过程中，孩子能学会坚持，学会拼搏。

毕竟，在生活中，一个人的理想是常常变化的。许多人从幼时到成年，理想换了一个又一个，妈妈们没有必要为此纠结。妈妈们要明白，对孩子而言，理想最大的作用，是给了他一个努力的理由和方向。

给孩子自己做决定的机会

生活中，妈妈对孩子那些不切实际的理想通常都选择视而不见，喜欢替孩子做选择，做决定。从上学开始，孩子的未来就被妈妈一步步地规划好。在妈妈看来，孩子应该拥有切合实际的理想，比如好好学习考一个好大学，以后找一个好工作，丝毫不会顾及孩子的想法。

孩子的反击也总是遭到妈妈的抨击，妈妈们认为自己的安排才是对的，强迫孩子按照自己设计的轨道去发展，把自己的希望寄托在孩子身上。

作为妈妈，应该多听一听孩子自己的想法，不要等到孩子“顶嘴”等叛逆行为发生时，才意识到问题的严重性。从科学角度来分析，如果不是孩子自己心中认定的理想，那么，他向前努力的内在动力就会慢慢丧失，他们也就不愿意为了这些自认为“无所谓”的事情而去努力，最终变得叛逆、拖拉、懒散……

因此，明智的妈妈应该懂得尊重孩子的理想，并在孩子树立理想的初期不给孩子太多的压力，在孩子疲懒时，鼓励孩子学会坚持，这样才能避免打击孩子的积极性，也能避免孩子轻易放弃理想。

妈妈智慧贴

推动孩子向着理想前进

行为心理学家认为，一个好的行为如果能坚持21天，就能变成一种好习惯，如果能坚持72天，就能内化为一种良好的品德。妈妈不妨帮助孩子制订一些计划，让孩子的努力有一个具体的行动方向。

具体方法可以按照实现梦想需要的步骤，把大目标折分为小目标，帮助孩子制订一些短期目标，比如月计划、周计划，甚至每天的计划，把理想转化成一个个容易实现的小计划。这样，孩子就不会觉得理想是那么的遥远。

千里之行，始于足下，让孩子学会坚持不懈地努力，最终才有可能实现理想。妈妈对孩子取得的每一个进步都要予以鼓励。在妈妈的激励声中，孩子也会信心倍增，并且在过程中主动磨炼自己的意志，让孩子距离理想越来越近。

除此之外，妈妈要督促检查孩子的计划是否完成，在实施的过程中不断反思、调整、修订。在整个过程中，妈妈可以为孩子准备一本反思记录本，记录孩子每天取得的成绩，如果有不足之处，也要多想一想如何改进，要让孩子能看到大的努力方向。

温馨小提示

孩子顶嘴的原因多种多样，粗暴地打压会阻断孩子宣泄情绪的出口，尽管打压会让孩子在表面上对妈妈表示屈服，但内心可能一直是不服气的。妈妈不妨多给孩子一些耐心，听听孩子的想法，让孩子感受到来自妈妈的重视和尊重，这样母子之间才能更容易达成共识。

与孩子真诚相处，别吝啬对孩子说“谢谢”

“谢谢”“不客气”等是我们日常与人交往时经常用到的礼貌用语，礼貌用语让我们和他人能够更加融洽地相处。但是，有多少妈妈在面对自己的孩子时，能够经常说出“宝贝，谢谢你”呢？其实，当孩子爱顶嘴、做事不积极时，妈妈一句鼓励的话，就能让孩子变得温顺而有动力。

孩子叛逆、顶嘴的行为背后，主要是因为内心观点得不到他人的认同，因此妈妈在教育孩子的过程中，激励和赞赏是改变孩子叛逆行为最为有效的方法之一。希望得到妈妈、老师的重视，是孩子所共有的心理，赞赏孩子的优点和成绩，能有效满足孩子的这种心理需求，让孩子从内心深处产生一种荣誉感和自豪感。

别吝啬对孩子说“谢谢”

没有人不喜欢在自己做到一些事情，或者帮助过别人后，听到由衷的褒奖与一声真诚的“谢谢”，成人尚且如此，鼓励与褒奖对孩子来说，教育意义更加重大。真诚的褒奖与道谢，就是沐浴孩子成长的雨露阳光，当孩子做事拖拉，喜欢顶嘴的时候，妈妈们不妨从孩子身上的闪光点着手，调动起孩子的积极性。

现实生活中，我们很少对孩子说“宝贝，谢谢你”。我们很少有人会有这样的想法：孩子做的这些事情值得我们感谢。也许有人会有这样的想法：“我可是他的妈妈，为什么要谢他？”的确如此，我们是孩子的妈妈，我们也的确赋予了孩子生命，可他们总要慢慢长大，在这个过程中，他们也会做一些让我们感动的事情，为什么我们不可以对他们说声“谢谢”呢？要知道，我们真诚的谢意对孩子来说不仅是一种鼓励，更是一种奖赏，他会因此变得更加积极，做事情也就不会再磨磨蹭蹭、拖拖拉拉。一句简单的“谢谢”，会给孩子带来莫大的鼓舞。

彤彤是个4岁半的小女孩。最近，彤彤的妈妈发现，她越来越不听话了，常常把“不”挂在嘴边。吃饭时间，妈妈说：“彤彤，来吃饭了。”“不吃！”洗澡时间，妈妈说：“彤彤，该洗澡了。”“不洗！”早上起床，妈妈说：“彤彤，去刷牙洗脸，该上幼儿园了。”“不刷！”

有一天，彤彤的妈妈去超市买东西，付款时，放在钱包里面的彤彤的照片掉在了地上，彤彤的妈妈根本没有注意，结完账打算离开时，身后响起一个稚嫩的声音：“阿姨，您的东西掉了。”

彤彤的妈妈回头一看，只见一个小姑娘举着手中的照片看着她。彤彤的妈妈接过照片微笑着对小女孩说：“谢谢你，小宝贝。”小姑娘兴奋地拉着身后妈妈的手说：“这位阿姨跟我说谢谢呢！”

看着小女孩满脸的骄傲，彤彤的妈妈和小女孩的妈妈都会心一笑。突然彤彤的妈妈意识到，对孩子说声“谢谢”是对他很大的鼓励。回到家后，妈妈在彤彤身上做实验，当彤彤帮自己倒水时，妈妈接过杯子笑着对她说：“能帮妈妈倒水了，真能干，谢谢你，宝贝。”

彤彤惊讶地瞪大了眼睛，满脸的欣喜。后来，每次彤彤妈妈下班之后，彤彤都会倒好一杯水端过来，这让妈妈心里感到非常温暖。不仅如此，自从那次之后，彤彤顶嘴、拖拉的毛病慢慢都不见了，做什么事情都变得非常积极。

孩子在日常生活中其实可以帮妈妈做很多事情，比如孩子帮妈妈拿了报纸、拖鞋，也可能提醒了妈妈该做某件事情，虽然这些都是小事情，但是只要妈妈一句真诚的“谢谢”，就能让孩子感受到自我存在的价值。

重视孩子为你做的每件小事

妈妈们平时很忙，有意无意间就会忽略很多事情，也许孩子为妈妈做了很多小事情，妈妈总表现为视而不见，虽然妈妈自己忘记了，孩子却记得很清楚，这些小事情，在孩子心中并不小，因此在孩子帮妈妈做了一些事情时，妈妈不经意间的一句“谢谢”，同样会让孩子记忆深刻。

妈妈们不妨调整一下忙碌的时间，顺便思考一下，如何把时间多分给孩子一些，多注意孩子所做的每件事情，感受一下孩子的感受。妈妈对孩子的关注及鼓励，会让叛逆的孩子变得积极主动起来，顶嘴、叛逆的行为也就不复存在了。

有个别妈妈特别喜欢展现家长的权威，认为“我的孩子，我生他养他，他帮我做些事不是应该的吗？这还用得着我去谢谢他？”如果有这样的想法那就大错特错了。每个孩子都需要妈妈的鼓励，当孩子为我们做了一些事情，而没有得到我们的表扬、赞赏时，孩子就会以为那样的事情做不做都无所谓，反而顶嘴能够引起妈妈的注意，尽管这种注意是训斥，孩子也会乐此不疲。

妈妈智慧贴

让孩子多参与家务事

家有“顶牛娃”，妈妈们不妨尝试把孩子当成家庭中重要的一员，让孩子参与到家庭事务的决策中来，放弃命令的方式，孩子参与做出的决策，他肯定会用自己的行动去维护它。

例如，当家里需要添置一些新的家当时，不妨和孩子商量一下，买什么样的比较好、哪个牌子的好、要多大尺寸的等等，都可以听一下孩子的意见；全家人出去玩，妈妈也可以先问问孩子的意见，“你想去哪儿玩”，把孩子的意愿考虑进去，再决定具体去哪儿；如果是和孩子有关的，比如他的房间的布置，更应该多问问孩子的意见。

凡事与孩子多商量商量，一来对孩子表示尊重，二来也可以培养孩子勤于思考的能力，拓展他的知识层面，使家庭氛围更加和谐。如此一来，孩子会更加积极地参与到家庭事务中来。当你给他分配任务时，他就会快速、更好地完成，“顶牛”的行为自然就会不见了。

温馨小提示

妈妈们要谨记，孩子虽然是自己所生所养的，但他们并不是自己的附属品。孩子有自己独立的性格和尊严，参与一个生命的成长是妈妈们的幸运，干预一个生命的成长会变成一个家庭的不幸，用欣赏的眼光看待孩子，孩子将会回报给妈妈无限的惊喜。

警惕过分打压，别让孩子变成“应声虫”

孩子出现逆反心理，开始跟妈妈顶嘴时，有些妈妈很快就会失去耐心，采取“暴力”镇压的方式，慢慢地，孩子不得不屈从，逐渐由“窝里横”开始慢慢变成了“应声虫”，也逐渐失去了自我思考、选择、解决问题的能力。

孩子出现顶嘴行为时，妈妈们要警惕“道德枷锁”对孩子产生的负面影响。允许孩子有自己的选择，允许孩子去描绘属于自己的人生，是一个好妈妈必备的素质。有些妈妈会在潜意识中将自己无法达成的心愿强加到孩子身上，再冠以冠冕堂皇的理由——“为了孩子好”。受到这种“道德枷锁”的束缚，孩子自然而然就会滋生反抗心理，叛逆、顶嘴等现象也就出现了。慢慢孩子就会变成“窝里横”。

如果妈妈在这种情况下持续施压，用家长的权威压迫孩子，孩子无力反击，慢慢就会放弃，变得逆来顺受，成了“应声虫”。以爱的名义来绑架，对于孩子而言，无疑是难以挣脱的枷锁，将对孩子的一生产生不良影响。

“应声虫”与“窝里横”

通常孩子在3～4岁的时候，寻求朋友的愿望会变得强烈。如果孩子出现不想找小朋友玩，有机会接触同龄孩子，也不愿意一起玩的情况，这就要引起妈妈的注意了。

妈妈首先需要反思一下自己，在孩子叛逆期时有没有压抑孩子的自发性成长，亲子间的情感纽带是否牢固。就压抑孩子自发性成长而言，妈妈容易对孩子施加不适当管束，将孩子放入“好孩子”的框框里培养，或者过度保护，为了将孩子塑造成理想中的“好孩子”，开始支配孩子的行动。受到严格限制的孩子虽然开始变得听话，却失去了热情和活力，不再愿意动脑，成了“应声虫”。

有些妈妈会以“做不好”“太费时间”等理由拒绝孩子尝试自己做事情。当孩子对妈妈的依赖性越来越强后，任何事都想让妈妈帮自己做，并且认为妈妈为自己做事是理所当然的，严重时，孩子还会用命令的口气来指使妈妈，孩子就变成了“窝里横”。这类孩子一旦到了外面，就会变得不自信，没有主见。

如果妈妈不希望自己的孩子成为“应声虫”“窝里横”，就要趁早放下自己对孩子的数落、责骂，积极鼓励孩子尝试自己的事情自己决定。俗话说滴水穿石，孩子在失去妈妈的束缚后，心境会逐渐变得宽松、自由起来，自主性也会逐渐展现出来。这个过程是漫长的，妈妈需要耐心地坚持下去，直到孩子自信勇敢的个性慢慢地成长起来。

不要束缚孩子的天性

妈妈在孩子成长过程中扮演着重要的角色，在家庭中，父亲是孩子做事的榜样，母亲是生活的榜样。妈妈要给孩子树立正面的榜样，避免在孩子耳边唠叨，孩子听多了，也就厌烦了；其次，妈妈要教会孩子认识自己，教会孩子自己为自己的事情做决定。

彬彬的妈妈在彬彬2岁的时候，就开始鼓励他独自在小床上睡觉了。到了彬彬3岁的时候，妈妈就开始引导彬彬做很多的家务，如摆碗筷、搬凳子、扫地等。3岁半的时候，彬彬已经能够自己穿衣、吃饭了。

3岁半的彬彬进入幼儿园后，非常勇敢，思维比其他小朋友要活跃很多，即便被小朋友碰倒，也会立即爬起来，从来不哭，在小朋友心中，彬彬就是榜样，威信非常高，许多小朋友发生争吵，都会找彬彬来评理。

遇到事情，彬彬总喜欢说“我想……”“我来……”“我认为……”，幼儿园的老师都说，很难相信彬彬是个3岁半的孩子，碰到任何事都能动脑思考，并且很快做出非常有条理的分析。

彬彬的妈妈不仅看到了培养孩子个性的重要性，而且给了孩子正确的引导。学会理解孩子、尊重孩子、鼓励孩子是养成孩子独立性的有力支持，允许孩子与妈妈持有不同意见，不仅可以避免顶嘴等行为，还能避免孩子变得唯唯诺诺没有主见。

妈妈智慧贴

爱的误区

孩子到了2~3岁时，已经有了自我存在的意识，对新鲜事物的好奇心也越发得强烈，这个阶段既是孩子的第一叛逆期，也是培养孩子独立和创造力的最佳时期。妈妈要大胆地放手，慢慢引导孩子学会自己做决定，给孩子试错的机会。

（1）面对孩子的好奇心，鼓励孩子敢想、敢说、敢做、敢于尝试新鲜事物，引导孩子表达出自己的想法，按照自己的想法去做事情，包容孩子在做事过程中的错误，对孩子的意见给予表扬和支持。

（2）当孩子有自己的主见时，只要不是原则性的问题，不要轻易指责孩子，注意保护孩子的独立意识和探索精神，培养孩子独立做事的自信心。

（3）许多妈妈都不希望孩子输在起跑线上，甚至花重金对孩子进行全方位培养，希望自己的孩子能够多才多艺，根本不顾及孩子自己的想法，逐渐地，孩子会因为妈妈经常性忽略自己的意见，变得不再思考问题，逐渐失去前进的动力，只在妈妈手中鞭子的驱赶下前进。

总之，孩子总有一天要长大成人，要独立生存，妈妈们不要等到孩子到了独立的年龄，才发现自己的孩子没有独立的能力。有些妈妈会感叹孩子性格内向，其实，这些爱的误区，恰恰是让孩子性格出现缺陷的罪魁祸首。

妈妈爱孩子并没有错，望子成龙的心情也可以理解，但爱的方式一旦错误，就会形成爱的枷锁，将孩子牢牢锁住，不能喘息，孩子也就成了妈妈用爱编织成的线控玩偶，如果妈妈们真的爱自己的孩子，那就要学会放开手，让孩子自己决定自己的人生。

温馨小提示

当孩子拼命抗拒妈妈的要求时，妈妈应该感到欣慰，因为，顶嘴恰恰是孩子证明自己成长的方式。孩子开始顶嘴，也是提醒妈妈换一种方式去对待他的信号。此时，妈妈们一定不要尝试包办孩子的一切，多了解孩子的想法，与孩子平等沟通才是正确的选择。

家有易怒娃，善用孩子的优点驱走叛逆

爱顶嘴的孩子，通常很难控制自己的情绪，容易发怒。这类孩子的妈妈也有个共同的特点，就是习惯将目光放在孩子的缺点上，将孩子的缺点放大，更是习惯将其他孩子拿来做比较，经常说别人孩子的好，而把自己的孩子批判得一无是处。

美国教育学家拿破仑·希尔指出，每个孩子身上都有很多的优点，但父母恰恰相反，总是把目光盯在孩子的缺点上，认为管好孩子的缺点，孩子就能更好地成长。其实，这种做法就像蹩脚的工匠，是不可能造出完美的瓷器的。因此，家长尤其是母亲应该用欣赏的眼光看待孩子，善于捕捉孩子身上的优点。

妈妈的眼睛，要用来寻找优点

美国著名心理学家威廉·詹姆斯经过研究指出：“渴望得到赏识是

人性中的最大本质要求。”对于孩子来说，更是如此。成年人都希望听到夸奖和赞扬，不喜欢被别人批评，妈妈作为成年人就不要将自己都不喜欢的事情强加到孩子身上。

没有人一生都不犯错误，成年人也会经常犯这样或那样的错误，犯了错误的时候非常渴求谅解，对于是非观并没有形成的孩子而言，妈妈的谅解和引导，是他敢于面对错误的原动力。

聪明的妈妈都会用放大镜去寻找孩子身上的优点，培养孩子内心的幸福感和成就感，提高孩子的自信心和上进心，陪着孩子平稳渡过叛逆期。

妈妈要善于发现孩子的优点

一个懂得赏识孩子的妈妈，“顶嘴”在她的孩子身上没有体现的机会。想要孩子远离叛逆，妈妈们就要竭力发现和放大孩子的优点、闪光点，用真心的赞扬使孩子建立自信。

贝贝是个非常聪明的小男孩儿，也非常调皮，经常制造诸多“麻烦”，还喜欢和妈妈顶嘴。有一天妈妈下班回家，看到家里一地玩具，生气地批评贝贝：“将自己的玩具收拾好，为什么总是摆个烂摊子啊！”

妈妈说到气头上，又开始指责贝贝的其他错误。贝贝一脸的不服气和不情愿，还将玩具踢得更乱，这让妈妈更加生气。

晚饭后，冷静下来的贝贝妈妈想起了幼儿园老师的话，若有所思。幼儿园老师是这样对贝贝的妈妈说的：“贝贝身上的确存在缺点，他也知道那样做不对。每个人都有缺点的，但每个人身上也有优点啊！其实贝贝的优点也非常多，很爱劳动，喜欢主动帮助其他小朋友。”

睡觉前，妈妈对贝贝说：“妈妈今天不该跟你发脾气，其实我们贝贝做事情很认真，也很聪明。”贝贝惊讶地看着妈妈，小声地对妈妈说：“妈妈，我以后会把玩过的玩具整理好的。”他被妈妈夸得不好意思了。

妈妈说：“贝贝优点这么多，妈妈为你骄傲，如果你能将自己的缺点改掉，变成优点，那么贝贝会是个了不起的人。”慢慢地，贝贝像变了一个人，许多坏毛病都改掉了，也不再和妈妈顶嘴了。

孩子就像是跌落凡间的天使，随着小天使渐渐长大，感受到妈妈的爱，他会感到自己是天地间的宝贝，他的存在就是最大的优点。而妈妈的批评和奚落，就像一把利剑，会斩断小天使的翅膀，使他变得一蹶不振。每个孩子的身上都闪耀着无数的优点，如果妈妈用心，其实发现和放大孩子的优点并不难。

妈妈智慧贴

用劳动培养孩子的成就感

妈妈可以让孩子承担力所能及的家庭劳动，对孩子的劳动成果进行鼓励和赞扬，这对于孩子来说，是一种非常好的正面强化。

孩子能力有限，许多事情不能尽善尽美，好心办坏事的情况也会经常发生，对此，妈妈要做好充足的心理准备，千万不要嘲笑或批评孩子，要在肯定孩子劳动成果的同时，指出孩子的不足。

除此之外，妈妈还可以适当给予孩子物质奖励，比如一个孩子喜欢的玩具、一本好看的书等。但物质奖励不能乱用，用多了孩子就会对此失去热情，而且还容易产生做家务劳动就是为了得到奖励的错觉，起到负面作用。

用正确的鼓励方式让孩子在劳动中体会快乐，以及劳动过后的成就感是根本目的，如果妈妈敢于大胆放手，就会惊奇地发现孩子可以做很多的事情。另外，在孩子劳动的时候，妈妈尽量不要干涉，这样才能使孩子产生“这些活都是我自己做的”的成就感。

温馨小提示。

每个孩子都有其独特的性格特点，妈妈的斥责和生硬的要求只能激起孩子的逆反心理，将孩子推向不健全人格的深渊。寻找孩子的闪光点，因势利导，才能将孩子从叛逆的泥潭中拉出。

德彪西与《月光》

《月光》是阿希尔·克洛德·德彪西从1890年开始写作的钢琴组曲《贝加摩组曲》中的第三乐章，由于它太优美，常被单独演奏。

作者简介

1873年，11岁的德彪西进入巴黎音乐学院学习钢琴，后来师从杜朗和吉洛学习和声与作曲。1889年，德彪西在巴黎参观“万国博览会”，东方国家展览厅里放送的东方音乐深深吸引了德彪西，东方国家音乐的曲调、和声、调式等等，都与他学到的东西截然不同，让他产生了浓厚的兴趣，并开始研究东方音乐。

日后，他的作品中经常出现东方的五声音阶以及一些不同于西方传统作曲的新手法，如不协和和弦、平行五度的运用等等。再后来，德彪西又接触了印象主义诗人、画家，对他们的主张非常赞成，通过长期的实践创作，德彪西确立了一种崭新的音乐风格——印象派风格。

在德彪西之前，音乐创作都是以旋律为中心，旋律在乐曲中占主导地位，印象派风格则更注意音乐色彩变化以及它们反映在人们脑子里的印象，如旋律、和声、调式、调性、节奏等都是为创造色彩而服务的。

名曲赏析

据说《月光》的创作受到诗人吉罗的叙事诗《月光比埃罗》的影响，这首诗讲述了在意大利贝加摩有一个叫比埃罗的青年，陶醉在象征理想的月光下，因为沉湎于物质生活，为月光所杀，最后，他认识到自己的错误，得到了月光的宽恕，又回到了人间的故事。

《月光》这首乐曲采用了古老的多里亚调式，充满了诗情画意，作曲家以清淡的笔墨、朴素的音调，给人们描绘出了一幅万籁俱寂、月光如洗的图画，乐曲由三部分组成。

第一段：降D大调，9/8拍，速度徐缓而富于表情，描绘了月夜幽静，景色宜人的印象；

第二段：乐曲先转到E大调上，后又回到降D大调，右手旋律由一些短小的乐句组成，左手配之以分解和弦，描绘了一阵阵清风轻轻地摇动着树枝，稀疏的树叶发出沙沙响声的印象，第二段与第一、三段的宁静气氛形成对比，给人以活泼的感觉。

第三段：基本上是第一段的再现，但音型上有些变化。

乐曲最后是一段尾声，宁静的曲调和分解和弦，将月光下缥缈如梦的意境描绘得更加富有诗意。

“诗中有画，画中有诗”是人们对王维的诗的评价，德彪西的《月光》便是“曲中有画，画中有曲”了。曲，是流动的时空，画，是凝固的瞬间。德彪西在《月光》中，用朦胧的、有多重指向的旋律，完成了从曲到画的构建。

第七章 孩子喜欢争辩，当心错误教育伤了孩子的自尊

孩子在6岁之前，性格、潜能等各个方面的发展已经为其未来的成人期奠定了坚实的基础。这一时期是孩子人格形成的关键时期，这就好比建一幢大楼，地基打不好的话，楼建得越高就会越危险。这一时期的孩子喜欢和妈妈争辩，有了自己的小尊严，妈妈们一定要了解孩子的心理，保护孩子的尊严，并给予积极的引导。

事物都有两面性，培养孩子的乐观心态

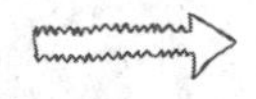

乐观的心态可以从根本上解决孩子的顶嘴行为，如果妈妈可以引导孩子在生活中形成对事物的乐观态度，不仅可以让孩子的成长更加顺利，还能增强孩子面对困难和挫折的勇气以及心理承受能力。

情绪是人最难以控制，却又对人的行为模式有重要影响的因素。积极乐观的情绪能够促进孩子智力与品质的发展。因此，家有爱顶嘴的孩子，妈妈自己首先要有一个清醒的认识，不能一味地指责和说教，要抓住孩子叛逆的关键时期，着重培养孩子控制情绪的能力，帮助孩子养成积极乐观的心态，这有助于增强孩子的求知欲和上进心。

那么，妈妈具体应该怎么做呢？

1. 培养孩子的乐观情绪

妈妈应该从以下方面来培养孩子的乐观情绪：

（1）营造温馨的家庭环境。要想培养孩子的乐观情绪，建立孩子

的安全感是基础。妈妈可以通过营造乐观而温馨的家庭环境，让孩子在这样的环境中建立起内心的安全感。例如，家庭成员过生日时，家人在一起分享蛋糕、分享快乐。

（2）以身作则树立榜样。妈妈在处理自身问题时保持乐观态度，对孩子而言能起到很好的示范作用。孩子通过模仿妈妈，会逐渐养成乐观的个性。例如，妈妈准备带着孩子出去玩，结果下雨了，妈妈如果抱怨，孩子本来就不好的心情，会变得更加糟糕。如果妈妈对孩子说“看，又下雨了，小草又能歌唱了，它们都得到了雨的滋润”，就能将快乐传递给孩子。

（3）帮孩子摆脱负面情绪。孩子出现悲观情绪，妈妈要帮助孩子对他遇到的问题进行分析，引导孩子思考自己存在的错误，摆脱这种负面情绪。在有限的条件下，保持对生活的乐观态度，对孩子的成长影响更为深刻。

2. 告诉孩子事物的两面性

法国作家阿兰说：“烦恼情绪是一种精神上的近视。向远处看，保持积极乐观的心态，才能让我们的脚步更加坚定，内心更加泰然。”帮助孩子学会辩证地看待事物，是妈妈义不容辞的责任。无论任何事，都有两面性，即便有害的事，从另一个角度看，也可能是有益的。

美国前总统罗斯福家中曾遭遇小偷，丢失了许多东西。罗斯福却很高兴地说：“感谢上帝，小偷只是偷去了我的东西，没有伤害我的生命，而且只是偷去了部分东西，并没有拿走全部，更令人感到庆幸的是，做贼的是他而不是我。”

生活的挫折与失败是难以避免的，孩子非常容易陷入沮丧的泥潭中而不能自拔，进而产生顶嘴等叛逆行为。妈妈要引导孩子从内心感受到事物的两面性，要让孩子逐渐明白“挫折也是一种财富”，从而帮助孩子摆脱叛逆心理，建立乐观的心态。乐观心态的养成，是一个循序渐进的过程，妈妈不能操之过急。

3. 恰如其分地评价孩子

在现实生活中，有的妈妈因为孩子没有显示出过人的天赋而失望，有的妈妈因为孩子没有别的孩子漂亮而感到沮丧……妈妈的这些不良情绪，都会引起孩子的叛逆行为。孩子的成长，很大程度上是建立在妈妈的评价之上的，恰如其分的评价加上赏识的目光，会让孩子爆发出无穷的潜力。

著名教育学家塞利格曼说：“妈妈评价孩子的方式正确与否，决定了孩子日后性格是乐观还是悲观。”因此，妈妈要学会恰如其分地评价孩子，不要夸大错误，也不能忽略错误，引导孩子分析错误的后果以及导致错误发生的原因，引导孩子明白许多错误是可以避免的，并知道怎样去避免这些错误的发生。华盛顿说过：“一切和谐与平衡、健康与健美、成功与幸福，都是由乐观与希望的向上心理创造的。”简单来说，只要妈妈愿意与孩子一起用乐观的心态去面对生活，孩子就获得了最宝贵的财富。

妈妈智慧贴

带孩子走出去

孩子的负面情绪除先天性格因素外，后天影响也极为重要。妈妈们将孩子关在屋子内填鸭知识，不如带着孩子走出去，让孩子学会交流，开阔视野。现在的孩子，在3岁左右就被妈妈送进了各种学习班、兴趣班，看起来是为孩子的长远考虑，但从实际效果来看，结果就是孩子失去了快乐，丧失了安全感，并开始用“顶嘴”来反抗妈妈。

许多妈妈会问：“爱孩子有错吗？”

爱孩子本身没有错，错的是爱的方式。当孩子被妈妈束缚和封闭之后，很容易养成孤独、脆弱、以自我为中心的性格。

对孩子来说，培养他的兴趣爱好，让他投入其中，他就会很快乐。如果孩子喜欢跳舞，妈妈非让孩子学习书法，那么孩子又怎么会投入精力和热情呢？逐渐地，孩子会对所有事情失去兴趣，产生负面情绪。因此，妈妈们要学会将孩子从束缚中解脱出来，带孩子走出去，给孩子自由。

温馨小提示

孩子知道，如果他乖乖听话，妈妈就会一直忙自己的事情，不会陪伴他了，他只需要顶个嘴，妈妈的注意力就会集中到他身上。因此，妈妈经常陪伴孩子，常带孩子参加各种亲子活动，孩子就能从妈妈那里感受到被重视，即便妈妈暂时离开，也不会感到失落。

换一种沟通方式，不要一味地指责孩子

孩子的叛逆行为就像一根弹簧，妈妈的压制力度越大，孩子的顶嘴行为就会越严重。妈妈喜欢训斥，孩子喜欢争辩，妈妈和孩子之间的沟通就出现了问题，只要解决了沟通问题，孩子的顶嘴行为就会迎刃而解。

想要让孩子不再叛逆、顶嘴，妈妈们必须找到一套可行的沟通方式，摒弃对孩子一味指责的不良习惯，以尊重为基础，和孩子重新建立起新的亲子关系。

“天哪！你看看你，早上刚换的衣服，这才过了多大一会儿，你又给我弄脏了！”

“天天跟在你后面洗衣服，跟保姆一样！你就不能稍微体谅我一点儿？我已经够辛苦了，还得天天跟在后面伺候你！”

“快吃饭！让你少吃点零食你不听，吃这么点饭就不吃了！以后不许吃零食了啊！”

“你说说你这孩子，怎么就这么不听话呢？说了不让你吃零食，还天天吵着要。吃完了又不吃饭，这样怎么能行呢？”

生活中，经常能听到妈妈类似的指责与抱怨，然而，这样的指责对孩子来说，没有任何的积极作用，反而容易激起孩子的叛逆心，使亲子之间形成沟通的隔阂。长期被指责的孩子慢慢会变得逆来顺受，失去自信，又或者会变得反叛，攻击性强，对孩子的成长造成不良影响。

换一种沟通方式

许多妈妈都已经意识到，自己教育孩子的方式存在问题，既然一味地指责不能起到积极的教育作用，那就不妨换一种沟通方式。妈妈在与孩子沟通的过程中，应该注意克制自己，少一点指责，多一点关怀，试着站在孩子的立场去想一想。委婉地表示如果他怎么做你会很高兴，即使他一时半会儿做不到，他心里也会感到惭愧，会努力让自己做得更好。

不要一味地迁就孩子

与一味指责孩子的妈妈相对的是一味迁就孩子的妈妈。对孩子一味迁就讨好的妈妈，虽然表面上看起来一团和气，孩子和妈妈很亲，实际上，妈妈和孩子之间缺少真挚的爱，往往令孩子变得娇弱又任性，既爱顶嘴，又过于依赖，还非常固执。

这种方式会让孩子一味地要求妈妈迁就自己，自己却不会迁就别人，这种以自我为中心的性格，会对他的人际交往能力带来危这害。同一味指责的方式一样，都会给孩子的成长造成不良影响。

因此，孩子提出的任何要求，妈妈都要先想一想，如果答应了，会有什么后果。对某些要求，可以试着让孩子学会自己努力争取，比如想要玩具，可以让他通过洗袜子、倒垃圾来得到，对孩子不喜欢吃的食物，如果是对身体有益的，就不能纵容他们。

与孩子沟通时，妈妈应该遵守的原则

妈妈与孩子进行沟通时应遵守以下原则：

1. 中肯的建议比无谓的夸奖重要

许多教育理论让妈妈走进了育儿误区，认为好孩子是夸出来的，却忽略了夸奖的前提。夸奖要言之有物，而不只是伸出大拇指。孩子需要妈妈的夸奖，更需要妈妈的意见，给孩子提意见时，妈妈要思考采用什么样的方法说出自己的建议。在孩子面前，妈妈尽量不要做一名专家，孩子需要的是可以分享快乐，倾诉烦恼，可以一起交流的妈妈，而不是高高在上的管理者。

2. 真诚交流比天天唠叨更重要

在妈妈眼里，孩子只是生活的一部分，工作、人际、金钱等方面，都是妈妈们每天需要面对的问题，花在孩子身上的时间并不多。

但是，孩子对妈妈的研究，却几乎是无时无刻的。孩子虽然年龄小，但是他们可以判断出妈妈的想法和情绪。虽然他们表达不清楚，但内心却能明白妈妈对他们的行为的底线在哪里，并且会不断触碰这些底线，企图有所突破。

因此，妈妈每天唠唠叨叨，是否用心，孩子是完全可以感受到的。和孩子一起出游、一起奔跑、一起玩耍、一起拥有小秘密……这些方法都会让孩子和妈妈越来越亲近。亲子间交流不一定都是有声的语言，肢体和心灵上的交流，也很重要，只要能敲碎亲子间沟通的隔阂，就能更好地预防顶嘴。

妈妈智慧贴

多倾听，少说教

在孩子成长的过程中，妈妈经常做的一件事情就是说教，很少做到真正的聆听。说教这种方法，更多的是来自妈妈的经验。妈妈知道什么是对的，什么是错的，妈妈知道哪些有价值的经验可以在关键时刻帮助孩子少走弯路，减少挫折。

但大道理是一回事，怎么做又是另一回事，懂得大道理的人很多，走向成功的人却寥寥无几。因此，给孩子灌输大道理，是妈妈在育儿过程中最容易踏入的误区，真正智慧的妈妈，要学会将这些道理揉碎了，融入生活的点点滴滴，让孩子自己去体会。

因此，妈妈没有必要纠结于孩子的马虎、淘气、顶嘴等问题，关键在于，妈妈说的话，孩子愿不愿意听。如果孩子愿意听，并且有改正的决心，当然是最好不过的了。如果孩子不耐烦，甚至反驳，妈妈啰唆的说教就会变得毫无意义。

妈妈不妨试着放下自己的经验，认真听一听孩子是怎么想的。如果他们有比较明确的想法，就鼓励他们，并试着引导他们完善自己的想法。如果那些想法听起来很不可思议，妈妈也不要急于纠正或者否定。

妈妈知道这件事是错的，因为经历过，所以知道。对于孩子而言，很多事情需要尝试过后，才知道对错，才知道能不能完成。如果孩子从小就被妈妈约束，不去实践，想到不太可能成功就习惯性放弃，长大后也会变得对什么事都不能全力以赴。

因此，妈妈多倾听孩子的想法，比多说教更有意义。另外，妈妈要在保证孩子安全的前提下，多鼓励孩子试错，对于孩子而言，试错与探索的过程，远远比结果更重要。

温馨小提示

随着孩子慢慢长大，自我意识逐渐强烈，他们迫切需要得到妈妈的尊重，妈妈要做好与孩子平等交流的准备，不要用质问的语气与孩子对话。例如，当孩子晚回家之后，可以告诉孩子自己一直很担心他，询问他是不是遇到了麻烦，是否需要帮助，而不是开口大骂。

孩子不承认错误时，给孩子保留小小的尊严

当孩子的心理发育还不成熟时，说错话、做错事是很正常的，如经常将衣服纽扣扣错位、将鞋子穿反、将玩具摔碎、抢夺别人的玩具等。其实，这些行为都是孩子正常心理发展特点的表现，有些错误，在孩子的意识中，甚至不认为是错误。

每当孩子犯错后，妈妈总是苦口婆心地给出建议，孩子却是无动于衷，孩子被逼急了，就会跟妈妈顶嘴，找各种理由狡辩，更不愿意承认自己的错误。这让妈妈们很郁闷，为什么孩子总是不愿意承认错误？

孩子不愿承认错误的心理因素

孩子不肯认错通常是出于以下四种心理：

1. 侥幸心理

孩子不认错的原因，大多是因为害怕被妈妈训斥，而不是意识到自己做错了什么。专家指出，妈妈在孩子犯错后的做法决定了孩子在下一次犯错时采取什么样的方式来逃避伤害。当受到妈妈批评指责时，多数孩子不知道自己为什么受到批评，他们的意识当中并没有分辨对错的能力，当下次犯同样错误的时候，为了逃避妈妈的训斥，就会极力反驳。

2. 害羞心理

当孩子产生自我意识，认识到自我的存在，小小的自尊就已经萌芽了。作为独立的个体，孩子也渴望受到尊重。如果妈妈当着许多人的面指责孩子的错误，就会导致孩子脆弱的自尊心受到伤害，导致孩子即使知道自己错了，也不愿意承认。

3. 倔强心理

喜欢探索新鲜事物是孩子的天性，经常将家里弄得乌七八糟，妈妈生气也在所难免。但是爱玩又是孩子的天性，因此，他们会对妈妈的训斥产生抵触心理。

4. 效仿心理

有些妈妈经常教训孩子，但从来不检讨自己，犯了错误也不愿意向孩子低头认错，慢慢地，孩子就学会了妈妈的行为方式，认为“妈妈不也经常不认错吗？”

妈妈智慧贴

学会从孩子的角度看问题

对于一个2～3岁的孩子来说，根本不具备道德标准、社会经验、心理发展水平，用成人的标准来衡量孩子，本身就是一种偏见。

涛涛今年3岁，好奇心非常强，经常将玩具拆开来看看。妈妈每次劝阻，涛涛都会和妈妈顶嘴，而且依然我行我素，继续自己的“破坏”大业。

有一次，妈妈在厨房中做饭，涛涛在卧室里玩。十几分钟后，妈妈到卧室看涛涛，发现涛涛将她笔记本电脑的键盘挨个抠了下来。

涛涛看到妈妈后，用一种很期待的眼神看着妈妈。妈妈非常生气，立刻打了涛涛一顿，然后严厉地训斥了涛涛。即便涛涛哇哇大哭，也依然和妈妈顶嘴，不承认自己的错误。

让我们来分析下上述案例：

涛涛3岁，是好奇心正强的年龄段，对于物品是否贵重没有任何意识，将妈妈的电脑键盘抠下来，对涛涛来说是非常有成就感的一件事，他期待着妈妈的称赞。而妈妈看问题的角度放在了物品的价值上，为此严厉惩罚了涛涛。

笔记本是贵重物品，涛涛妈妈看到这种情况发脾气似乎是人之常情。但是她没有站在孩子的角度看问题，伤害了孩子的自尊和自信。因此，妈妈在碰到此类事情时，一定要心平气和，先鼓励孩子的能力，然后再告诉孩子错在哪里，而不是用成人的标准去惩罚孩子。让孩子意识到错在哪里，认识到错误的本质才是教育的目的。惩罚只是一种手段，惩罚过于严厉，会导致孩子即便认识到了错误，也不敢去面对。

温馨小提示

爱顶嘴的孩子善于思考，顶嘴的行为又让妈妈难以接受，遇到这种麻烦，妈妈们不妨换个角度去思考，尝试改变自己的教育方式，在一定程度上放手让孩子自己思考，自己做决定，自己动手做事。这样，孩子勤于思考的习惯就会保留下来，顶嘴的习惯也会慢慢得到改变。

对孩子敞开心扉，悉心呵护孩子的内心世界

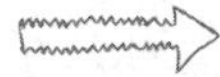

想要改变孩子的叛逆行为，家长总是一副高高在上是行不通的。只有让孩子对自己敞开心扉，走进孩子的内心世界，拉近与孩子的距离，知道孩子在想什么，想要什么，才能将亲子间的关系拉近，让沟通变得融洽。

教育是心与心的交流

我国教育家陶行知先生说过这样一句话，“真教育是心心相印的活动，唯独从心里发出来，才能打动心灵的深处。”心对心的尊重才是妈妈对孩子教育的最高智慧。在孩子的成长过程中，许多制约开始进入他的生命中。哭泣时，妈妈说：“干什么哭哭啼啼的，不许哭！”大笑时，妈妈又说：“有什么好笑的，不许笑！”

如果孩子在这样的环境中成长，那么他和世界的沟通方式就会逐渐发生变化。孩子在潜意识中会认为，情感是不能随意表达的，在妈

妈心中，自己不够听话，不够勇敢。

但是，孩子又非常渴望得到妈妈的尊重与肯定，就学会了察言观色、隐藏自己的情绪，不再表达自己的感受。随着孩子的成长，就会认为妈妈越来越不理解他，将与妈妈的沟通层次推向外层，沟通也就变成了讲想法，如果想法也被妈妈否定，就只剩下打招呼了。

孩子的问题，请认真对待

孩子的好奇心让他拥有无数个“为什么”，面对好奇的孩子，妈妈是否拥有足够的耐心去认真解答孩子的每一个问题，这在一定程度上决定了孩子的未来。孩子拥有强烈求知欲望的阶段，是妈妈向孩子传授知识的最佳时机，而不是厌烦地将孩子拒之门外。

琳琳站在阳台上，对妈妈说：“妈妈，我最喜欢的就是台风。”

妈妈有点生气，心想：台风的破坏力太大了，给生活带来许多痛苦，这小家伙竟然说她喜欢台风。不过，妈妈还是耐心地询问原因。

“琳琳为什么喜欢台风呢？”

琳琳说：“因为有台风的时候，就停电了……”妈妈疑惑地问道：“你是说，你喜欢停电？”

琳琳说：“因为停电的时候可以点蜡烛，我拿着蜡烛在屋里走来走去，您说我看起来像天使……”

妈妈很惊讶，自己那句不经意的话，女儿记得那么清楚，因为妈妈说她在烛光中像天使，她就附带着喜欢上了台风。

案例中，因为妈妈不经意的一句赞赏，让琳琳相信自己是个天使。因此，妈妈要认真对待孩子的每一个问题，也许，孩子重复询问同一个问题，想要的答案却不同。孩子的世界是纯净的，是美丽的，值得妈妈静下心来呵护。

很多妈妈都能耐心地回答孩子的问题，但很少反问一句“为什么”，关注孩子的行为模式，又很少探求这一行为背后的深层原因。想要让孩子敞开心扉，妈妈就要找回失去已久的童真和好奇心。对孩子的行为表示出好奇，常问一句“为什么”，比回答孩子的“为什么”更重要。就像案例那样，如果妈妈没有足够的耐心问一句为什么，将永远不会知道孩子内心最真挚的答案。

赢得孩子的尊重

只有尊重孩子，才能赢得孩子的尊重，即便是妈妈也不例外。这也是人类身为智慧生命体，区别于其他生物的主要特征。当孩子形成自我意识的那一刻，就是这个世界上独一无二的生命存在，他们极其渴望平等。妈妈只有放下姿态，平等地对待和尊重孩子，才能赢得孩子的尊重，只有赢得孩子的尊重，孩子才愿意向妈妈敞开心扉，自然也就不会再和妈妈顶嘴了。

果果是个可爱的小女孩，上幼儿园后，虽然不太爱说话，但脸上总是带着笑容。喜欢分享和帮助别人的果果，非常受其他小朋友的欢迎。

但是，有一次，果果尿裤子了。老师发现，经过这次事件，果果脸上的笑容消失了，尽管老师极力说尿裤子没关系，但果果依然每天都闷闷不乐，开始和小朋友们争吵，回到家后，也会经常和妈妈发脾气。

妈妈发现了果果的异常，并没有训斥果果对自己发脾气、顶嘴的不礼貌行为，而是向幼儿园老师询问了果果的情况。这天，睡觉之前，妈妈悄悄对果果说："果果，妈妈告诉你个小秘密，小时候，妈妈也尿过裤子，不要告诉别人，这是我们之间的秘密。"

听了妈妈的话，果果眼神顿时亮了。妈妈也会尿裤子？原来，并不是我一个人会尿裤子！自那之后，果果又变回之前那个脸上总带着笑的小女孩了，叛逆的萌芽被聪明的妈妈扼杀在了摇篮之中。

孩子的内心世界很简单，也很脆弱，需要妈妈们细心的呵护。找回童心，平等、真诚地对待孩子，才能真正了解孩子，才能帮助孩子顺利地度过人生中一个又一个的困难，与孩子一起健康快乐地成长，为孩子塑造一个良好的性格。

妈妈智慧贴

用心与孩子交流

孩子有很多让妈妈觉得匪夷所思的举动。这些行为对孩子来说，都有简单的理由和单纯的想法。如果妈妈只从成人的角度观察和思考，永远无法探究孩子内心深处的真实想法。

孩子生病时不愿意打针，答案也许不是"怕疼"那么简单。许多儿科医生讲，孩子不想打针是因为不想治好病，病好了，爸爸、妈妈就不陪他了。孩子不愿意吃某种食物，很有可能这种食物给他带来了什么触动……

只要妈妈能够蹲下身来，听听孩子的声音，将自己变成孩子，设身处地地换位思考一下，就可能会发现问题可能真不是自己想的那样。简单粗暴地训斥只会让孩子失去童真，让妈妈少一些感动。

通过孩子的眼睛看世界，可以帮助妈妈拉近与孩子的距离，让孩子愿意与妈妈用心交流。走进孩子的内心，妈妈就会发现，孩子表面反映出的叛逆与暴躁，其实只是他们简单想法、简单思考的表现。别忘了，妈妈们也曾经拥有过如此的单纯世界。

温馨小提示

人生最大的幸福莫过于能做自己想做的事情，并为之付出一生的努力。因此，妈妈要学会放弃自己的功利心，不要将自己无法完成的理想强加在孩子身上。引导孩子主宰自己的人生，是妈妈对孩子最大的爱，拥有这样的妈妈，也必将是孩子一生的骄傲。

贝多芬与《欢乐颂》

《欢乐颂》，又称《快乐颂》，是1785年德国诗人席勒所写的诗歌，贝多芬为之谱曲后，成为他《第九交响曲》第四乐章的主要部分。这首由贝多芬所谱曲的音乐成了现今欧洲联盟的盟歌、欧洲委员会的会歌，也曾被用作罗德西亚1974～1979年国歌的旋律。

《第九交响曲》是贝多芬于1822年秋天开始进入创作阶段的，但他却花了大半生的时间来酝酿，一直到完成《庄严弥撒》之后，才开始动笔谱写这部凝聚其一生力量和信念的鸿篇巨作。

乐曲歌词

欢乐颂

欢乐，天国的火花，
极乐世界的仙姬；
我们如醉如狂，
走进你的圣地。
习俗使人各奔东西，
凭你的魔力手相携，

在你温存的羽翼下，

四海之内皆兄弟。

谁算得上非常幸运，

有个朋友心连心，

谁有一个温柔的妻子，

请来同聚同欢庆！

真的，只要世上还有

一个可以称知己，

否则离开这个同盟，

让他偷偷去哭泣。

一切众生吸吮欢乐，

在自然的怀抱里，

她那玫瑰色的足迹，

善人恶人同追觅，

甜吻，美酒，生死之交，

都是欢乐所赐予，

虫豸也和神前的天使，

一同享受着生命。

欢喜，好像太阳飞行

在天上壮丽的原野里，

兄弟们，赶你们的道路，

快乐地，像英雄走向胜利。

拥抱吧，万民！

这一吻送给全世界！

兄弟们，星空的高处，

定住着慈爱的天父。

万民，可曾跪倒？

可曾认识造物主？

越过星空寻找吧，

他定在星际的尽头！

名曲赏析

1. 主旋律

进场由大提琴和低音提琴演奏，给人一种深沉、平静的感觉；中提琴进场重复旋律，旋律行进到中音部，主题曲稍亮的音色给旋律带来一种明快的感觉，低音部则退到后面和木管一起伴奏；中提琴演奏完旋律之后也退到伴奏，接着小提琴加入让旋律活了起来，小提琴声部简单重复了旋律后，旋律行进到乐队齐奏；这时铜管、木管吹奏主旋律，其他各声部伴奏，场面宏大，由前面的平静、深沉的快乐进入到了万众欢腾的场面。

2. 第一乐章

音乐由弱奏加颤音开始，平静的同时，使人隐约感到有一种力量的躁动，平静中正蕴含着生命力。紧接着音乐由弱到强，由平稳、低沉、朦胧，渐渐发展到明朗、刚劲，节奏鲜明，震撼人心。

表现出在远古时代的自然界，生命从无到有，由低等到高等，由弱到强，发展壮大起来，不可抗拒，在斗争中，人类变得更加强大。人类的出现是神圣的、必然的，必将成为自然界的主人。

3. 第二乐章

表现人类在战胜了众多的艰难困苦之后的蓬勃发展，人类社会在自身的发展中又不断出现新的矛盾。人类与自身的丑恶的斗争又变得渐渐突出，这种与自身的斗争不同于与自然界的斗争，具有更多的复杂性。贝多芬坚信人类最终会战胜自身丑恶的东西，所以第二乐章以光明必胜的坚定信念结束。

4. 第三乐章

表现人们沉浸在哲理性的深思远虑之中，同时也沉浸在历史的回顾与总结之中。人们展望未来，互相鼓励。凝聚着新的力量，准备为迎接新的斗争，为全人类得到彻底解放、得到神圣的欢乐和幸福，进行最有意义的拼搏。第三乐章结束前的音乐，预示着暴风雨般的变革即将到来。

5. 第四乐章

音乐一开始就如火山爆发，显示出巨大的能量，要冲破一切枷锁，人类经过长时期积聚起来的力量爆发出来，变革势如破竹，摧毁一切丑恶的东西。音乐紧跟着片断重复前三个乐章的主题，但都被代表人类渴望自由欢乐的旋律所打破。出现了《欢乐颂》的主题，人类经过艰苦奋斗之后，终于找到了通往自由欢乐的道路。

6. 主题曲

主题首先由低音大提琴奏出，接着渐渐发展扩大到弦乐器和整个乐队，力度和节奏越来越强，形成洪流，势不可挡，人们在通往自由欢乐的大路上迅猛前进。主题变奏之后，再次出现急风暴雨般的声响，是人们发自内心的歌唱。由男中音领唱：“啊！朋友们。不要唱旧的调子，让我们畅快、欢乐地唱起来吧。”

在领唱的带动下，合唱加入了进行，合唱的加入使整个音乐进入一个神圣的境界。思想、情感升华了，一切丑恶的东西在思想光芒的照耀下，无地自容。人类经过自已艰苦的奋斗，终于得到了解放，得到了自由和欢乐，并终于进入一个神圣的理想世界。

第八章 与孩子共同成长，孩子是妈妈的一面镜子

孩子善于模仿。从某种程度上来说，孩子就是妈妈的一面镜子，孩子的行为可以折射出妈妈的某些日常行为。当孩子叛逆、顶嘴时，妈妈们要进行反思，孩子身上的许多不良行为是不是来自于自己，自己有没有不良行为。妈妈要进行自我监督，为孩子树立好榜样，陪伴孩子共同成长，一起蜕变。

孩子生来就是孩子，而你才刚刚学着做妈妈

孩子呱呱坠地那一刻，你的人生又有了一个新的角色——妈妈。想要扮演好这个角色既辛苦又幸福，一切都要从零开始。显然，想要做成功的妈妈，只有爱是不够的，还需要了解和分享孩子的想法、感受以及内心需要，帮助孩子处理各种负面情绪，陪着孩子快乐、健康地成长。

怎样处理孩子的情绪，关系着孩子的心理能否健康成长，也是妈妈们无法回避的难题。妈妈的一些错误做法，很容易对孩子造成伤害，如情绪压抑、自卑、冷漠、暴躁等。孩子顶嘴的问题和孩子的心理困扰通常就来自于此。

妈妈的类型

按照处理孩子负面情绪的方式，可将妈妈分为以下四种类型：

1. 交换型

交换型妈妈会认为负面情绪有害，当孩子出现愤怒、悲伤的情绪时，就会努力把世界“修补”好，而忽略了孩子真正需要的是妈妈能够帮助他学会认识情绪、理解情绪，学会处理他所面对的问题。

面对孩子的负面情绪，交换型妈妈通常会这样说：

“别哭了，妈妈带你去吃冰淇淋。”

“不要再发脾气啦，妈妈带你去游乐园玩！”

“你再这个样子，我就不让你出去玩了！”

交换型妈妈的做法，并没有解决本质问题，也就是说，孩子并没有解决自己的情绪问题，久而久之会形成逃避自己情绪的习惯，而不是积极地面对情绪，控制情绪，解决情绪。

2. 惩罚型

惩罚型妈妈面对孩子表达悲伤、愤怒、恐惧等情绪时，常常会责备、训斥或惩罚孩子，认为这样才不会惯出孩子的坏脾气，能让孩子变得更坚强。

面对孩子的负面情绪，惩罚型妈妈通常会这样说：

“你这个样子像个男孩子吗？真丢人！”

“你再闹妈妈就不喜欢你了！”

“你自己做错了事还耍脾气，想挨打啊？”

长此以往，孩子面对自己的负面情绪时，会感到既憎恨，又无奈，长大后面对人生的挑战也会显得力不从心，会出现犯罪感、恐惧感和内疚感。

3. 冷漠型

冷漠型妈妈面对孩子的负面情绪时，既不否定也不责骂，经常会采用不予理睬的办法，想让孩子自己去找到宣泄的办法，或者冷静下来。

面对孩子的负面情绪，冷漠型妈妈通常这样说：

“回你自己的房间吧，等气消了再出来！”

“爱哭你就哭个够吧！哭够了再来找我！”

由于缺乏妈妈的积极引导，愤怒的孩子可能会变得有侵略性，用伤害别人的方式来发泄自己的情绪；伤心的孩子可能会长时间地哭闹，不知道怎样处理自己的情绪；恐惧的孩子会失去安全感，胆小怕事。

4. 说教型

说教型妈妈认为，孩子只要明白了道理，负面情绪就会消失，就可以解决孩子的情绪问题，于是她们热衷于滔滔不绝地讲道理。孩子通常会感到孤单无助，必须要独自面对负面情绪带来的痛苦。

面对孩子的负面情绪，说教型妈妈通常会这样说：

“人总会遇到不如意的事，妈妈像你这么大的时候，已经会自己照顾自己了。你想想，妈妈在你身上花了多少心血……”

妈妈喋喋不休的唠叨会让孩子的负面情绪雪上加霜，让孩子更加痛苦，长此以往，孩子往往会觉得自己不够好，经常自我批判、自我否定。

以上四种常见的处理孩子负面情绪的方式，很显然都不利于孩子的健康成长。从孩子出生的那一刻，妈妈们就要开始学习怎样做妈妈了，只懂得施展家长权威的妈妈，显然无法成为一名称职的妈妈。

处理孩子的情绪问题需要方法，更需要智慧，妈妈可以根据孩子的具体情况灵活处理。面对孩子的不良情绪，妈妈要首先控制好自己的情绪，不能采取简单粗暴的处理方法，一方面要让孩子平静下来，另一方面又要让孩子感受到妈妈的爱。

妈妈智慧贴

高情商妈妈处理孩子情绪的方法

高情商的妈妈在孩子伤心时，能想象孩子的处境，感受孩子的痛苦；孩子生气时，能感受到孩子的愤怒与失望。孩子会因为妈妈的接受与分享而产生安全感，更有信心地去学习怎样处理自己面临的问题。在处理孩子的负面情绪时，高情商妈妈会这样做：

1. 理解与接受

发现孩子有不良情绪时，例如伤心、愤怒、焦虑、紧张等，妈妈会努力了解孩子的真实感受。例如：“哭吧，孩子，妈妈理解你，你哭会儿会舒服些。”“妈妈知道你很难受，我们可以谈谈吗？”

2. 分享

先谈情绪，后处理事情。例如：“你内心的感觉是……”“妈妈遇到这种事情有过……感觉，你有这种感觉吗？”

3. 认同

对于孩子负面情绪中可被理解、接受的部分给予肯定，对不可接受的部分给出改变方法。妈妈认同孩子的内心感受会让孩子的情绪逐渐平静，然后思考自身负面情绪的不良后果，这对孩子自控力的培养，帮助很大。

4. 共同面对

孩子出现负面情绪时，妈妈可以在尊重孩子的基础上，与孩子平等地共同讨论解决办法，了解孩子的需求，与孩子达成一致，引导孩子形成正面动机。例如：“你可以这样试一试……”“妈妈小时候，处理这些事情，并没有你做得好，不过……地方需要改进……”

温馨小提示

孩子想要尝试的事情有很多，但因为能力有限，经常会产生挫折感。孩子有探索欲本身是件好事，但在探索的过程中有太多的失败就不好了。妈妈不能因为看到孩子总做不好一件事而气急败坏，妈妈的坏情绪会让孩子坏情绪变得更糟。

养成好习惯，叛逆的孩子不再和妈妈对着干

著名教育家叶圣陶说过这样一句话："什么是教育，简单一句话，就是要养成良好的习惯。"抓住孩子的叛逆期，与孩子共同养成好习惯，好习惯进入良性循环后，妈妈就不需要耗费太多气力去教育孩子了。

习惯的力量是巨大的，人一旦养成一个习惯，就会不自觉地在这个轨道上运行，如果是好习惯，则会终身受益，坏习惯则会贻害终身。通常我们说一个人素质很低，往往就是因为这个人有许多坏习惯。

有研究表明，3～12岁是形成良好习惯的关键期，12岁以后，孩子逐渐形成许多习惯，想要改变就非常困难了。

现在的一些妈妈非常看重学习成绩，千方百计地培养孩子的外语、美术、音乐等多方面的能力，却忽视了对孩子习惯的培养。这恐怕是现在一些妈妈教育的最大误区。

加强沟通和引导

6岁前是亲子沟通的启蒙时期，在这个阶段加强亲子沟通，有利于孩子好习惯的培养，从而促进孩子心理健康、快乐地成长。然而，现实中，许多妈妈和孩子的沟通经常出现障碍，导致孩子表现得很叛逆。

例如，有位妈妈反映说："我让3岁的女儿叫人，孩子没出声，我生气地质问为什么不叫人，孩子说她心里叫了，真是让人哭笑不得。"

妈妈让孩子向别人打招呼，孩子就是不听，是因为孩子已经有了自己的思维方式，对陌生人设有心理防线，妈妈逼迫孩子叫人，很容易让孩子产生抵触心理。又或者孩子敏感害羞，妈妈的逼迫会加剧孩子的这种心理变化。

这种情况，妈妈可以先介绍一下对方，引导着孩子去称呼，告诉他"在心里叫阿姨，阿姨是听不到的"。

掌握培养方法

妈妈要培养孩子以下一些习惯：

1. 培养孩子勤于思考的习惯

有些孩子因为自控力差，缺乏毅力，注意力不集中，在学习中往往不肯动脑思考，在这种情况下妈妈不要代孩子解答难题，而是要鼓励孩子动脑筋思考。简单说就是妈妈在辅导孩子学习时，不能只对一题一文进行辅导，而是要培养孩子学会用脑，自己解决问题。

2. 培养孩子规划时间的习惯

拖延和磨蹭是多数孩子的不良习惯，孩子在学校里学习有严格的时间规定，回到家里，妈妈也应该给孩子规定学习时间。例如，放学后或晚饭后，规定某个时间段写作业或学习。

3. 培养孩子集中注意力的习惯

有些孩子在学习时很难保持专注，例如学习时摸摸这儿、看看那儿，迟迟进不到学习的状态中。这种坏习惯会让孩子的学习效率极低。妈妈在对孩子的要求上，不能只要求孩子“一坐就是几个小时”，而是要培养孩子在规定的时间内高效完成任务的习惯，帮助孩子学会控制干扰，训练孩子的高度专注力。

妈妈智慧贴

妈妈培养孩子好习惯“五步法”

许多妈妈对孩子的习惯培养效果不明显，归根结底，问题出在妈妈还是把习惯培养当成了说教，而忽略了习惯培养的根本方法——坚持不懈的行为训练。习惯培养有一套科学的教育方法，光讲道理是没有用的。下面，就介绍一下妈妈培养孩子习惯的五个步骤。

第一步：引导孩子对养成某个习惯产生兴趣

好孩子一定有好习惯，叛逆的孩子一般都有很多坏习惯。在儿童时期，特别是在幼儿园和小学期间，是一个人养成良好习惯的关键时期，也是最佳时期。儿童的学习特点是观察和模仿，儿童模仿最多的并非是名人，而是他的伙伴、妈妈、家人，因此，妈妈可以引导孩子以优秀的伙伴做榜样，同时约束自身行为，成为孩子的榜样。

第二步：明确行为规范

简单说就是让孩子清楚地知道对养成某个良好习惯的具体标准。例如，妈妈可以陪孩子一起学《弟子规》，里面就有很多关于行为规范的要求，只要注重方法，明确的行为规范执行起来并不难。

第三步：坚持不懈的行为训练

行为主义心理学认为，当一种行为重复21天就会变为初步的习惯，重复72天会形成稳定的习惯。简单说就是初步养成一个习惯需要21天，形成一个稳定的习惯需要72天。因此，妈妈培养孩子好习惯，就需要坚持不懈的训练，让孩子由被动到主动再到自动。例如，孩子吃饭前需要洗手，每天都坚持，慢慢就养成了固定的习惯，成为自动的行为。

第四步：习惯“加减法”

培养孩子的好习惯用加法，改正坏习惯用减法。也就是说，妈妈想让孩子养成什么样的好习惯，就让孩子把好的行为不断重复，重复的次数越多，好习惯就越牢固。反之，改掉坏习惯就要不断减少孩子坏习惯的重复次数，直到他把坏习惯彻底改掉。

第五步：营造良好的环境

“孟母三迁”的故事，相信妈妈们都耳熟能详，这也说明环境对孩子的影响非常大。好的家庭、生活、学习环境，对孩子良好习惯的养成极为重要。为了让孩子养成好习惯，妈妈首先自己要养成好习惯，带头改正坏习惯。

温馨小提示

21世纪是两代人相互学习、共同成长的世纪，习惯养成的过程同样体现出亲子间相互学习、共同成长的特点。运用培育优良家规、家训、家风的方法，无疑是一个有效的选择，但只有妈妈与孩子共同遵守规范才能落到实处，妈妈以身示范效果更佳。

每个“顶嘴娃”都是科学家，导师是妈妈

儿童教育家将懵懂的孩子与学富五车的大科学家相提并论，虽然听起来是那么的不可思议，单从探索欲望以及获取知识的过程方面来看，儿童时期的孩子的行为方式与科学家是完全相同的。

早教专家研究指出，妈妈的言传教授并不会对婴幼儿获取知识产生直接结果，这个时期孩子的知识积累都是自己积极主动建构的成果，简单地说，孩子对任何外来知识都“不认同”，只有他亲自研究和探索，并与他的观察和体验相吻合时，才会认可这些知识。

好奇心与探索欲

8个月到1岁半是幼儿发展最快的时期，孩子到了8个月的时候，已经学会了到处爬，并努力试图站立起来，开始尝试手眼的协调、手指的灵活运用，如用两根手指捏起一件小东西。孩子在这个时期对周围

的任何物品都有浓烈的兴趣，心智、沟通和行动能力的快速发展，越发地刺激了孩子对整个环境的探索欲望。

孩子将自己接触到的每一个片段搜集起来，组合成心中的大世界。此时的孩子集探索者、资料收集者、活动的参与者于一身。妈妈要尽量为这个时期的孩子营造一个良好的视觉环境，可以在床上挂一些动的玩具，墙壁上挂一幅颜色鲜明的图画等，来满足孩子的探索欲望。

当孩子学会了说话和走路后，就会不停地将他的探索行为付诸实践，每一个孩子都具备天生的探索事物、研究问题的能力。比如，妈妈警告孩子：“不要往地上洒水，要不然地上就湿了。”孩子则会想：“果真是这样吗？那得试试看！”于是令妈妈头疼的事情就发生了，他故意将水洒在地上，用小脚丫踩一踩，检验一下地上是不是真的湿了，而且，孩子为了验证得到的结果，会反复实验许多次，才会真正将这个“研究成果”认定为可靠的知识。孩子的这个获取知识的过程，与科学家研究一个新课题的行为方式是完全相同的。

小美的妈妈每次给她洗完澡后，都会用一条雪白的浴巾将她包裹住，然后给她换上干净的衣服。这天，小美洗完澡，换上干净的衣服后，在屋里玩耍，不小心踩在了雪白的浴巾上，然后她惊奇地发现浴巾上留下了一个黑脚印。

小美愣了一下，这是什么？于是她又踩了一脚，又一个黑脚印。干脆两只脚都试试，果然两个黑脚印。哇！太奇妙了！

小美兴奋地踩、踩、踩……

小美的妈妈走过来一看，生气地说：“谁把雪白的浴巾变成了大花脸？”小美听到妈妈的话后，却高兴地笑个不停。

妈妈们很难将孩子的这种“幼稚”的行为与学富五车的大科学家进行比较，但实际上，孩子“发现”和获得知识的过程与科学家是一致的。首先，孩子像科学家一样对事物有强烈的好奇心和求知欲，任何事都要探讨个究竟；其次，孩子不接受灌输的知识，任何事情都要亲身体验、反复尝试才会真正认可，与科学家依赖实验、尊重事实、求得真知相同；最后，孩子善于“超越自己”，与科学家一样，发现实验结果与以前不同，就会坚决地推翻之前的结论。妈妈要学会尊重孩子像科学家一样获取知识的过程。

随着孩子年龄的增长，各种的束缚也越来越多，妈妈开始告诉孩子什么是对的，什么是错的，什么能做，什么不能做，孩子渐渐地放弃了自己的“胡思乱想”，开始迎合妈妈获得赞扬。其实每一个孩子都有一颗自由的心，妈妈们要学会善待孩子，让孩子健康快乐地成长，不要让孩子的创造性思维在束缚中泯灭。

妈妈智慧贴

要给予孩子积极乐观的心理暗示

美国著名的心理学家罗森塔尔教授的试验表明，正面暗示对孩子的成长具有神奇的魔力。孩子在生活中会接收到各种各样的心理暗示，这些暗示有积极的，也有消极的。妈妈是孩子最信任和最依赖的人，也是最容易带给孩子心理暗示的人。

如果妈妈的某些言语和行为不当，极容易带给孩子负面心理暗示，让孩子受到不良情绪的影响，严重的甚至会影响到孩子的心理健康。反之，如果妈妈经常对孩子给予肯定和赞赏，孩子就会慢慢变得更加自尊、自爱、自信、自强。孩子的自信，来源于妈妈的赏识。妈妈平时注意自己的言行，多给孩子积极乐观的暗示，孩子的人生就会变得幸福快乐。

温馨小提示

妈妈要学会引导孩子，什么样的东西可以玩，什么样的东西不能玩，在教会孩子一些安全常识的前提下，让孩子无忧无虑地玩耍。

言传身教正言行，与孩子一起变得更优秀

苏联教育家马卡连柯指出：“不要以为只有你们在同孩子谈话、教训他、命令他时才是教育。你们在生活的每时每刻，甚至不在场时，也在教育孩子。你们怎样穿戴、怎样对待朋友和敌人、怎样哭、怎样笑……这一切对孩子来说，都有重要意义。”

玲玲与妈妈一起去逛街，碰到了邻居王阿姨。

妈妈让玲玲跟王阿姨打招呼，玲玲不仅不情愿，而且，在王阿姨跟她打招呼时，她也只是勉强答应着。妈妈对玲玲没有礼貌的行为非常生气，严厉训斥道：“玲玲，妈妈告诉过你多少次了，在外面跟别人打招呼要有礼貌，为什么你总是记不住！”

玲玲顶嘴说：“您总是教我要尊老爱幼，但是您从来没有尊敬过我奶奶！您要我学会懂礼貌，可是您对我奶奶总是脏话连篇，您有什么资格教育我？”

妈妈听了玲玲的话，脸瞬间变了颜色。

妈妈的言行举止，就像一本没有文字的教科书。上述案例告诉我们，妈妈做不到的事情，却要求孩子做到，这会让孩子十分抵触。而且，案例中的妈妈平时自己就没有礼貌，不尊重老人，给孩子树立了一个负面榜样，孩子也就跟着学得没有礼貌了。想要孩子成为什么样的人，那么妈妈首先自己就要成为这样的人，也只有这样，才能对孩子产生积极、深远的影响。

孩子可塑性强，从小就将自己的妈妈当作模仿对象。妈妈的言行举止、待人接物、工作态度等，都会让孩子耳濡目染，产生潜移默化的影响。通常，妈妈的唠叨孩子是听不进去的，但是妈妈的行为举止却能深深地烙印在孩子的脑海中，并以此为标准进行模仿。

马克·吐温曾说过："世上最难的事情就是树立一个良好的榜样。"孩子从出生开始就关注着妈妈，妈妈恼怒时的行为、对新鲜事物的态度以及平时生活中的表现，都会成为孩子模仿学习的对象。妈妈没有办法改变大环境，但是可以从自身做起，为孩子树立一个好榜样。

在很大程度上，孩子就是妈妈的一面镜子，无论是好的表现还是坏的习惯，我们都能从孩子身上找到妈妈的影子。

我国著名教育家叶圣陶说："身教最为贵，知行不可分。"妈妈是孩子的第一任导师，也是孩子模仿的最直接榜样，妈妈对孩子的影响是全方位的。孩子不愿意听妈妈的唠叨，却会模仿妈妈的行为。

有位母亲带着她的女儿去游泳。游完泳后，她发现自己的鞋子不见了。

女儿说："妈妈，别人将您的鞋穿走了，您就穿别人的鞋吧。"

母亲认为，这是对孩子教育的最好机会，于是，带着女儿光着脚走了将近1公里的路赶回家。

妈妈说："我就是要用自己的行动告诉孩子，做事不能损人利己。身为妈妈，要给孩子树立良好的榜样，要求孩子做到，自己必须先做到。"

现在许多家庭中，妈妈很重视对孩子的教育，在孩子身上花费的金钱和心血令人咋舌。但问题是，她们在教育方法上却存在着各种不良倾向和误区，让人担忧。有些妈妈要求孩子注意文明，自己却满口脏话；要求孩子好好做人，自己却不学无术；要求孩子努力学习，自己却游手好闲……没有勇气改变自己的妈妈，怎么能培养出有勇气面对未来的孩子呢！

列宁的夫人克鲁普斯卡娅说："家庭教育对妈妈来说，就是自我教育的过程。"孩子最基本的生活和教育单位是家庭，妈妈的言行举止是孩子的模仿源，孩子最初的行为习惯来自于对妈妈的模仿。面对天真的孩子，妈妈要特别重视榜样对孩子产生的巨大影响。

妈妈智慧贴

3个教育孩子的特殊时机

1. 孩子“无理取闹”时

孩子因不合理要求未被满足而顶嘴、哭闹时，妈妈切不可心软，放弃原则。首先，妈妈要控制自己的情绪，用轻柔的语气对孩子说：“你是不是很不开心？你这样妈妈心里也很不舒服。”也可以直接告诉孩子：“你不开心，妈妈也很难过！”但态度要明确，孩子的要求不合理，妈妈不能答应。通过这种方式，既分享了孩子的情绪，也让孩子学会用更有效的方法来处理类似的情况。

2. 当孩子与心爱的人或事物分离时

当孩子与心爱的人分别，或者不小心摔坏心爱的玩具时，都会十分伤心，甚至号啕大哭，伤心不已，这是妈妈对孩子进行情绪教育的最好时机。首先，妈妈要清楚，孩子没有金钱观念，喜欢就代表了价值。因此，妈妈对于孩子喜欢的东西，不能用金钱来衡量，妈妈花几百元买的玩具，可能在孩子眼里，不如外面捡来的石头更有价值。在孩子伤心时，妈妈应接受孩子的情绪，引导孩子说出内心的感受后，帮助孩子明白以下道理：

（1）世界上所有美好的事物，总有别离的一天。

（2）在一起的时候，要好好享受美好事物带给自己的乐趣。

（3）离去后，把美好的记忆好好保存起来，陪伴自己过好以后的每一天。

3. 当你火冒三丈时

有的时候，孩子的顶嘴行为会让妈妈火冒三丈。如果没有及时控制住自己的情绪，妈妈就可能口不择言地训斥孩子。当妈妈察觉自己盛怒来临的迹象后，最有效的办法是让家人带走孩子，或自己离开。妈妈可以采过以下方法平复自己的情绪：

（1）做10次以上深而长的呼吸。

（2）拉紧，然后放松全身的肌肉5～7次。

（3）外出散步10分钟。

（4）对自己说“我会保持冷静”。

其实，妈妈能够控制自己的情绪，对孩子而言就是很好的榜样教育，同时妈妈也可以把这种冷静的技巧教给孩子，帮他们从小就学会做情绪的主人。

温馨小提示

当孩子大吵大闹、顶嘴后痛哭不已时，妈妈可以用柔和的语气说：“哭吧，妈妈理解你的心情，哭过了会舒服些，等你哭过了，妈妈想和你谈一谈。”哭的过程其实也是一种情绪的宣泄，孩子的心灵已经过了一个净化的过程，再沟通将会变得十分融洽。

舒伯特与《鳟鱼》

弗朗茨·泽拉菲库斯·彼得·舒伯特（1797年—1828年）是奥地利作曲家、音乐家，早期浪漫主义音乐的代表人物，被誉为古典主义音乐的“最后一位巨匠”。舒伯特用短短31年的生命，创作了18部歌剧、歌唱剧和配剧音乐，10部交响曲，19首弦乐四重奏，22首钢琴奏鸣曲，600多首歌曲，4首小提琴奏鸣曲以及许多其他作品。

《鳟鱼》是舒伯特在1817年创作的著名艺术歌曲，于1819年完成，当时舒伯特只有22岁。这首乐曲生动描绘了清澈小溪中快活游动的鳟鱼的可爱形象，最后鳟鱼被渔夫捕获，表达了作者深深的不满。《鳟鱼》是舒伯特一生中唯一的一首钢琴五重奏乐曲，乐器组合为钢琴、低音提琴、大提琴、中提琴及小提琴。这也是这首五重奏与一般五重奏的不同之处。低音提琴很少作为室乐作品的乐器，但舒伯特却以它取代了惯常的第2小提琴。

《鳟鱼》是一首西方古典主义音乐与浪漫主义音乐的代表作，它自1917年问世2年后，舒伯特应朋友之邀，根据《鳟鱼》第四乐章创作了《A大调钢琴五重奏》。打破了室内乐重奏曲多为四乐章奏鸣套曲的传统模式，使用变奏曲式的同时，运用器乐的各种特点与手法，将原歌曲中所表达的内容进行了深入的刻画与描述。

《A大调钢琴五重奏》又被称为《鳟鱼五重奏》，舒伯特用叙述式的手法向人们揭示了善良与单纯会被邪恶所害的主题，借助对小鳟鱼不幸遭遇的同情，抒发了对自由的向往和对迫害者的憎恶，属于寓意非常深刻的作品。

《鳟鱼》的由来

《鳟鱼》原本是18世纪德国诗人舒巴特所作的一首诗。舒巴特因政治原因遭到囚禁，在牢狱充满了对自由的渴望，写下了《鳟鱼》这首诗。舒伯特将这首诗谱成歌曲《鳟鱼》，后来再将《鳟鱼》加以变奏，谱成五重奏其中一个乐章，加上其他的乐章，就成了《鳟鱼变奏曲》的版本。

乐曲歌词

鳟鱼

明亮的小河里面，

有一条小鳟鱼，

快活地游来游去，

像箭儿一样。

我站在小河岸上，

静静地朝它望。

在清清的河水里面，
它游得多欢畅。
那渔夫拿着钓竿，
也站在河岸旁。
冷酷地看着河水，
想把鱼儿钓上。
我暗中这样期望，
只要河水清又亮，
别想用那钓钩
把小鱼钓上。
但渔夫不愿久等，
浪费时光，
立刻就把那河水弄浑，
我还来不及想，
他就已提起钓竿，
把小鳟鱼钓到水面。
我满怀激愤的心情
看鳟鱼受欺骗。
风华正茂的青年人
站在金色泉水旁边，
你们应以鳟鱼为戒！
看见危险，就得拔腿快跑！

姑娘们啊，你们缺乏心眼，

你们常容易受骗上当。

看清引诱者拿着钓竿！

否则，受苦而后悔莫及。

0～6岁儿童身体、智力、情商发育一览表

<table>
<tr><th colspan="7">1岁孩子</th></tr>
<tr><td rowspan="3">发育指标</td><td>性别</td><td>身高</td><td>体重</td><td>坐高</td><td>头围</td><td>胸围</td></tr>
<tr><td>男孩</td><td>73.4～78.8cm</td><td>9.1～11.3kg</td><td>48.46cm</td><td>46.5cm</td><td>46.8cm</td></tr>
<tr><td>女孩</td><td>71.5～77.1cm</td><td>8.5～10.6kg</td><td>47.41cm</td><td>45.4cm</td><td>45.8cm</td></tr>
<tr><td rowspan="4">智力开发</td><td>肢体运动</td><td colspan="5">1岁的孩子已经可以独立站片刻，不用扶也能走几步，弯腰、招手、蹲下再站起更是不在话下，开始喜欢学习走路，喜欢独立完成一些简单的动作，手指应用也更加灵活</td></tr>
<tr><td>语言能力</td><td colspan="5">能够对简单的语言要求做出反应，可以说出“爸爸、妈妈、姨、奶、抱”等5～10个简单的词，有时可以用1～2个词表达自己的意思和情绪，还会经常模仿妈妈的发音</td></tr>
<tr><td>平衡能力</td><td colspan="5">孩子可以靠人“搀扶”走路，走路时经常把小手高高举起，过一段时间才会慢慢放下，通过依靠小手寻找平衡感</td></tr>
<tr><td>客体知觉能力</td><td colspan="5">这一时期孩子最主要的一个成就是获得客体永久性的概念，也就是知道一个物体或人在眼前消失，并不代表永远消失，物体或人依然存在着。妈妈当着孩子的面把东西藏起来后，孩子会根据自己看到妈妈藏东西的地方去寻找物体；妈妈用被子和孩子玩躲猫猫，孩子知道掀开被子找出妈妈</td></tr>
<tr><td rowspan="3">情商培养</td><td>情绪发展</td><td colspan="5">害怕的东西增多，如害怕陌生人，害怕怪模样的物体，害怕未曾经历过的情况</td></tr>
<tr><td>依恋</td><td colspan="5">妈妈去哪里，孩子就想跟着去哪里；特别喜欢一个玩具时，走到哪儿都得带着，或是喜欢一天到晚嘬自己的大拇指，或者睡觉时不停地玩一条小枕巾等，这些都是孩子的心理需要，以此来安定自己的情绪</td></tr>
<tr><td>人际交往</td><td colspan="5">喜欢与成年人交往，孩子会设法引起妈妈的注意，如主动讨好妈妈或者故意淘气。孩子和小朋友有了以物品为中心的简单交往，但还不是真正意义上的交往</td></tr>
</table>

（续表）

<table>
<tr><th colspan="7">2岁孩子</th></tr>
<tr><td rowspan="3">发育指标</td><td>性别</td><td>身高</td><td>体重</td><td>坐高</td><td>头围</td><td>胸围</td></tr>
<tr><td>男孩</td><td>84.3～91.0cm</td><td>11.2～14.0kg</td><td>57.42cm</td><td>48.2cm</td><td>49.4cm</td></tr>
<tr><td>女孩</td><td>83.3～89.8cm</td><td>10.6～13.2kg</td><td>56.71cm</td><td>47.1cm</td><td>48.2cm</td></tr>
<tr><td rowspan="6">智力开发</td><td>肢体运动</td><td colspan="5">能够独自上下楼，能金鸡独立，会简单书写、拍球、抓球、滚球，能做一些生活中如开瓶盖、解纽扣、剪纸等精细动作</td></tr>
<tr><td>语言能力</td><td colspan="5">开始由单双词句向完整词句发展，由于发音器官不完整，会存在许多语音错误；能简单复述妈妈给他讲的短小故事；经过练习能背诵儿歌或短诗。在初期会把“汽车”发成“汽汽”或“车车”，会用d、t替代g、k，同化如“老公公快快来”变成“老蹦蹦派派来”等</td></tr>
<tr><td>观察力</td><td colspan="5">开始观察到形状之间的不同，会区别图形，如圆形、方形、三角形</td></tr>
<tr><td>认知力</td><td colspan="5">孩子的行动和认知能力不断发展，求知欲非常旺盛，而且接受新事物的能力也很强。如果教给孩子一些新东西，孩子会像海绵一样吸收。给孩子买的书和玩具，孩子会很快拿来看，且提出很多的“为什么”</td></tr>
<tr><td>想象力</td><td colspan="5">2～3岁的孩子，其想象力呈现出活跃的状态，他可以给任何一件事物赋予独特的想象，会认为小动物都会说话，而且特别喜欢问为什么</td></tr>
<tr><td>数理逻辑能力</td><td colspan="5">2岁半左右是孩子计数能力发展的关键期，能掌握初级的数概念，能口头数数、点数珠子，认识6～8个数字。知道1个皮球或1个苹果等</td></tr>
<tr><td rowspan="4">情商培养</td><td>情绪发展</td><td colspan="5">随着孩子的自我意识的形成，孩子在识别自己感受的同时也尝试着感知别人的感受</td></tr>
<tr><td>依恋</td><td colspan="5">反抗和妈妈分离的行为强度持续增加，直到15个月左右，慢慢趋于情绪稳定，不再有太多的分离反抗行为。</td></tr>
<tr><td>人际交往</td><td colspan="5">此时期的孩子在社会人际关系上，虽然能和亲近熟识的人相处得很好，对于不认识的人或不熟悉的同龄孩子，仍然不能融成一片</td></tr>
<tr><td>自我认识</td><td colspan="5">孩子能真正认识自己了，知道哪些是自己的，哪些不是自己的，已经开始能用“我”来称呼自己，把自己和他人区分开来</td></tr>
</table>

（续表）

3岁孩子						
发育指标	性别	身高	体重	坐高	头围	胸围
	男孩	91.1～98.7cm	13.0～16.4kg	61.02cm	49.58cm	50.4cm
	女孩	90.2～98.1cm	12.6～16.1kg	60.42cm	48.33cm	49.2cm
智力开发	语言能力	词汇量达到200以上，能够和妈妈进行完整的对话，表达自己的想法等。说话内容开始丰富，能完整地描述事件，能使用礼貌用语，并对语言有了一定理解，会自己故意重复说一些自己认为有意思的词逗笑				
	平衡能力	这时的孩子能随意控制身体的平衡，学会了跳跃动作，单脚蹦、会拍球、踢球、跨越障碍、走S线等				
	观察力	孩子观察能力越来越细致，开始注意物品间的不同，并作出较复杂的分类工作。可以在孩子面前摆放颜色一样的水果、蔬菜、文具等，让孩子自己分类				
	认知力	孩子的思维开始向具体形象思维过渡，能够将记忆里的事物和具体事物联想起来，能用已经知道的、见过的、听过的知识来思考问题				
	数理逻辑能力	已经会倒数10位数，能说出各类图形形状，会做5以下的连加，少部分孩子会做10以下的连加				
情商培养	情绪发展	这时的孩子开始了人生的第一个逆反期，特别任性、难管、让人生气，哭闹起来很凶，但只要一满足他的要求，马上就露出笑脸。此时孩子的情绪很不稳定，且都是暂时的、爆发性的				
	依恋	孩子开始会有意识地寻求与妈妈的亲近，获得妈妈的情感支持等行为，当妈妈在时，他们可以将妈妈作为安全基地进行游戏				
	人际交往	孩子开始能照顾自己，能理解照顾他人，在团体中有合作与分享的互动，能与朋友互动玩游戏；孩子会主动接近别人，并能进行一般的语言交往				
	自控能力	孩子能在没有外界监控的情况下服从妈妈的要求，并能根据他人的要求延缓自己的行为。孩子能根据妈妈所表达的意思去引导自己的行为，但良好的自控行为要靠妈妈培养，否则会造成以后的注意力差、易冲动、抑郁等问题				

（续表）

<table>
<tr><th colspan="7">4岁孩子</th></tr>
<tr><td rowspan="3">发育指标</td><td>性别</td><td>身高</td><td>体重</td><td>坐高</td><td>头围</td><td>胸围</td></tr>
<tr><td>男孩</td><td>98.7～107.2cm</td><td>14.8～18.7kg</td><td>62.7cm</td><td>49.93cm</td><td>51.2cm</td></tr>
<tr><td>女孩</td><td>97.6～105.7cm</td><td>14.3～18.3kg</td><td>62.4cm</td><td>48.33cm</td><td>50.1cm</td></tr>
<tr><td rowspan="6">智力开发</td><td>肢体运动</td><td colspan="5">能较精确地把球投入儿童式篮球架的框里；能自如地双脚跳过障碍；能自己扣纽扣；会折纸做简单的手工</td></tr>
<tr><td>语言能力</td><td colspan="5">会讲故事，并生动地说出有趣的情节；模仿妈妈说话的用词和语气并运用到自己的交往中，所以妈妈要特别注意自己平时的措辞语气</td></tr>
<tr><td>观察力</td><td colspan="5">对周围世界充满好奇心，喜欢观察身边的事物，能意识到每天天气的变化</td></tr>
<tr><td>认知力</td><td colspan="5">认识并能连续数出数字。能发现事物间的相同点，长短的概念开始形成，知道两条线中哪一条长。可以给孩子几条长度不同的缎带，让孩子按从短到长的顺序排列</td></tr>
<tr><td>数理逻辑能力</td><td colspan="5">能迅速找出两个合适的三角形拼成正方形、长方形和菱形；会做10以下的减法，约有1/3的孩子会做20以下的减法</td></tr>
<tr><td>想象力</td><td colspan="5">4岁的孩子有惊人的想象力，他所编成的故事使妈妈觉得他在说谎话，其实他对于事实和虚构的界线还分得不是很清楚。4岁半以后，这种真实与虚构分不清的现象才会慢慢消失，喜欢被人称赞是这个年龄最显著的心理现象</td></tr>
<tr><td rowspan="3">情商培养</td><td>情绪发展</td><td colspan="5">比较情绪化，会走极端，有时会用攻击性的语言嘲弄他人，给他人取外号等。开始渴望独立和懂得关心别人，出现抗议等许多复杂的情感。孩子会把不熟悉的图像当作“怪物”，通常不能分辨现实与幻觉。有时会表现出进攻性、自私、不耐烦、骄傲、霸道、武断等负面情绪，还会找借口，会对自己和别人作表面评价</td></tr>
<tr><td>依恋</td><td colspan="5">依恋的范围开始扩大，特别是上幼儿园以后，慢慢地学会在幼儿园要和小朋友分享玩具，分享老师的爱和关心，渐渐地与老师和小朋友建立依恋。</td></tr>
<tr><td>人际交往</td><td colspan="5">能帮妈妈做一些简单的家务活，会邀请朋友来家里玩，会安慰哭泣的小伙伴，喜欢与比自己大的小朋友一起玩，主要玩角色扮演等有想象力的游戏且游戏时间变长</td></tr>
</table>

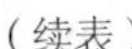
（续表）

<table>
<tr><th colspan="8">5岁孩子</th></tr>
<tr><td rowspan="3">发育指标</td><td>性别</td><td colspan="2">身高</td><td>体重</td><td>坐高</td><td>头围</td><td>胸围</td></tr>
<tr><td>男孩</td><td colspan="2">105.3～114.5cm</td><td>16.6～21.1kg</td><td>67.02cm</td><td>50.98cm</td><td>54.45cm</td></tr>
<tr><td>女孩</td><td colspan="2">104.0～112.8cm</td><td>15.7～20.4kg</td><td>66.6cm</td><td>50.02cm</td><td>53.24cm</td></tr>
<tr><td rowspan="5">智力开发</td><td colspan="2">肢体运动</td><td colspan="5">可以开始学写字，但还写不好；已经会边跑边拍球，能精确按照纸上画好的线路裁剪图形</td></tr>
<tr><td colspan="2">语言能力</td><td colspan="5">在欣赏文学作品的基础上，会初步归纳主题，比如一个故事讲述的是什么意思；具备比较成熟的语法知识，但别人语法错误时，还可以进行指正，例如当有人说“知不道”时，他会说：“应该说‘不知道’，你错啦！”</td></tr>
<tr><td colspan="2">观察力</td><td colspan="5">孩子开始喜欢观察活的、运动着的物体，以及颜色鲜艳的东西。带孩子去看画展，问孩子都看到了什么</td></tr>
<tr><td colspan="2">认知力</td><td colspan="5">对钱有初步的认识，知道钱的重要性，但不是钱本身，而是钱能买他想买的东西。能说出一星期有几天，能判断两件物品中哪一件重</td></tr>
<tr><td colspan="2">数理逻辑能力</td><td colspan="5">能迅速找出两个合适的三角形拼成正方形、长方形和菱形；会做10以下的减数，约有1/3孩子会做20以下的减数</td></tr>
<tr><td rowspan="3">情商培养</td><td colspan="2">情绪发展</td><td colspan="5">孩子的感情进一步丰富，对其他人的感情非常敏感，无论是成人或孩子，他都喜欢取悦于他们。当他看见有人受伤或悲伤时，他会表示同情与关心</td></tr>
<tr><td colspan="2">依恋</td><td colspan="5">孩子的依恋情结和独立心理同时存在，且孩子的行为更加独立，会邀请小朋友到家里做客甚至会独自拜访隔壁的邻居</td></tr>
<tr><td colspan="2">人际交往</td><td colspan="5">对家庭人员的关系感兴趣，如舅舅是妈妈的兄弟。喜欢与别人交往和上幼儿园的机会。开始懂礼貌，与想象中的伙伴和其他2～5名小朋友一起玩游戏</td></tr>
</table>

（续表）

<table>
<tr><th colspan="7">6岁孩子</th></tr>
<tr><td rowspan="3">发育指标</td><td>性别</td><td>身高</td><td>体重</td><td>坐高</td><td>头围</td><td>胸围</td></tr>
<tr><td>男孩</td><td>111.2～121.0cm</td><td>18.4～23.6kg</td><td>69.66cm</td><td>51.07cm</td><td>56.78cm</td></tr>
<tr><td>女孩</td><td>109.7～119.6cm</td><td>17.3～22.9kg</td><td>68.76cm</td><td>50.98cm</td><td>55.89cm</td></tr>
<tr><td rowspan="5">智力开发</td><td>语言能力</td><td colspan="5">能掌握主要语法规则，会询问抽象词语的意义并尝试运用，能使用语言描述过去和未来的事件；喜欢听故事、笑话，也喜欢读故事</td></tr>
<tr><td>平衡能力</td><td colspan="5">能很好地控制身体，手脚灵活，运动也较以前更为剧烈，但已不太容易摔跤。能在一条直线上走、单足跳、跳绳、跳舞等，这时的孩子喜欢蹦蹦跳跳，可能学会一些舞步，特别是小女孩会很喜欢跳舞</td></tr>
<tr><td>认知力</td><td colspan="5">孩子开始知道一年中12个月的名称和一周中每一天的名称；开始能看钟表，时间概念已比较明确，可以开始培养孩子按时作息，从小养成珍惜时间的好习惯</td></tr>
<tr><td>数理逻辑能力</td><td colspan="5">能理解数字的含义，并会在对比的基础上找出物品或事物内部的数学规律</td></tr>
<tr><td>创造力</td><td colspan="5">开始会用自己喜欢的方式进行艺术表现活动，这时候的孩子就像一个小发明家，试图把脑袋中的想象转化成可适用于外界的实际行动</td></tr>
<tr><td rowspan="4">情商培养</td><td>情绪发展</td><td colspan="5">这时的孩子通常是非常快乐的。他乐于助人、善于动脑筋并喜欢谈论自己的想法；能准确判断自己能做什么，不能做什么；对表扬能做出得体的回应</td></tr>
<tr><td>依恋</td><td colspan="5">孩子更有主见了，在日常家庭生活中，孩子可能会更多地发表自己的意见，甚至还会对妈妈的行为和周围的一些现象发表些“见解”了</td></tr>
<tr><td>人际交往</td><td colspan="5">对参与周围的活动较感兴趣，不需妈妈在旁就能与人交往，他更喜欢同一个或更多的小朋友一起玩耍，而不愿单独玩了。他们能互相指定角色，设计游戏情节，并在想象世界中一起解决问题</td></tr>
<tr><td>自我认知</td><td colspan="5">这个年龄的孩子逐步明显地表现出个人的特长、兴趣爱好和性格倾向。对自己的行为能够做出初步评价，并能在妈妈及幼儿园教师的指导下逐步掌握社会行为规范并受到其约束</td></tr>
</table>

每个孩子都有着不同的个性，无论是调皮捣蛋的孩子，还是叛逆顶嘴的孩子，都让妈妈们伤透脑筋。尤其是当孩子的情绪开始分化，自我意识形成后，对妈妈的话不再言听计从了，于是“追逐战”“遭遇战”“对抗战”就在无数的家庭中拉开序幕……

每位妈妈都希望自己的孩子伶俐乖巧、聪明上进，但有的时候，妈妈根本跟不上小家伙的思维，甚至被驳斥得哑口无言，让妈妈们无所适从。本书以儿童心理发展特点为依托，为妈妈们揭示出孩子叛逆行为背后的心理密码，旨在帮助妈妈找到更多应对孩子成长中的各类问题的办法，让妈妈更直观地认识到孩子为什么喜欢与妈妈对着干，孩子为什么不听话，孩子为什么喜欢顶嘴。

有些妈妈想要通过严格的教育约束孩子的行为，但实际情况总是事与愿违。严格要求孩子本身并没有错，如果不能掌握正确的教育方法，很容易起到适得其反的效果。

最后，由衷地希望每一位陪伴孩子成长的妈妈都能轻松愉快，也祝福每一位“小天使”都能健康快乐地成长。